黑龙江高新技术企业创新能力系统模型构建与评价研究

吕 超 著

HEUP 哈爾濱工程大學出版社

内容简介

近年来，我国高新技术企业创新水平迅速发展，成为推动我国社会经济发展的重要力量。但黑龙江省高新技术企业在创新过程当中，还存在需要思考和改善的问题，特别是在创新能力方面，还需要进行深度研究，来确保黑龙江高新技术企业的健康发展。

本书在分析了国内外高新技术能力创新现状后，得出了改善黑龙江高新技术企业创新能力的经验和启示，构建了创新能力系统，运用因子分析方法，根据对黑龙江部分企业调研获取的资料和评价结果，对创新能力指标体系进行了实证研究。本书对黑龙江高新技术企业改良创新手段和方法、提升自身创新能力有着较强的借鉴作用。

图书在版编目(CIP)数据

黑龙江高新技术企业创新能力系统模型构建与评价研究/吕超著.—哈尔滨:哈尔滨工程大学出版社,2016.1
ISBN 978-7-5661-1164-7

Ⅰ.①黑… Ⅱ.①吕… Ⅲ.①高技术企业-企业创新-系统模型-研究-黑龙江省 Ⅳ.①F279.244.4

中国版本图书馆 CIP 数据核字(2015)第 301198 号

选题策划 李 翔
责任编辑 张忠远 李 翔
封面设计 语墨弘源

出版发行 哈尔滨工程大学出版社
社　　址 哈尔滨市南岗区东大直街 124 号
邮政编码 150001
发行电话 0451-82519328
传　　真 0451-82519699
经　　销 新华书店
印　　刷 黑龙江龙江传媒有限责任公司
开　　本 787mm×960mm 1/16
印　　张 10.75
字　　数 210 千字
版　　次 2016 年 1 月第 1 版
印　　次 2016 年 1 月第 1 次印刷
定　　价 36.00 元
http://www.hrbeupress.com
E-mail:heupress@hrbeu.edu.cn

前　言

随着世界经济全球化和知识经济时代的到来,世界各国高新技术企业得到了快速的发展,逐渐成为推动各国社会经济发展的重要力量。从整体来看,高新技术企业具有其特殊的成长方式和发展规律。近几年来,高新技术企业创新迅速发展,由于知识的更新速度加快,产品生命周期相对较短,产品与技术在更新换代方面正在不断加速。但是,在高新技术企业实现快速创新发展的过程当中,还需要具备一定的能力,而能力的不确定性,给高新技术企业创新的发展带来许多挑战。

目前,黑龙江高新技术企业创新所面临的外部能力既有机遇,也有挑战;其内部能力既有优势,也有劣势。因此,需要根据黑龙江高新技术企业的特点及创新能力的现状,对黑龙江高新技术企业创新面临各种能力的不确定性进行研究,以改善和提高黑龙江高新技术企业创新的能力。

本书首先对国内外高新技术创新能力现状进行了分析,主要介绍了美国、日本、欧洲一些国家以及发展中国家的高新技术企业创新能力现状,并结合黑龙江高新技术企业创新能力的实际情况,得到了改善黑龙江高新技术企业创新能力的经验及启示;其次,对黑龙江高新技术企业创新能力的影响因素,如外部因素中的宏观企业经济实力因素、资源因素、法律政策因素、市场因素、科学技术因素、社会文化服务因素等六个方面的因素,内部因素如创新管理因素、R&D 投入因素、学习能力因素、营销能力因素、生产能力因素等五个方面的因素进行了研究;再次,结合高新技术企业创新能力的影响因素,对黑龙江高新技术企业创新能力系统进行了研究,并建立了黑龙江高新技术企业创新能力决策、开发、实现、扩散四个子系统,对决策、开发、实现、扩散子系统系统机制进行了研究;在此基础上,构建了高新技术企业创新能力指标体系,并运用因子分析方法,根据对黑龙江省 10 家高新技术企业实际调研获取的统计数据资料,对黑龙江高新技术企业创新能力指标体系进行了实证研究,并对评价结果进行了分析;最后,提出了保障黑龙江高新技术企业创新能力的对策与建议。

著　者

2015 年 8 月

目　　录

第1章　绪　　论

1.1　研究背景、目的及意义

1.1.1　研究背景

创新是民族发展的灵魂，同时也是国家或地区发展进步的永恒动力。伴随着世界经济和科学技术的迅速发展，当今世界各国之间科技竞争日益激烈，高新技术企业已逐渐成为一个国家、地区科技事业发展的决定性因素，甚至在某种程度上决定着一个地区、一个国家的兴衰与命运，它是一个国家和世界地区发展的重要基础。

新世纪以来，面临世界政治与经济利益格局的新调整，世界各国都在积极发展高新技术企业，高新技术企业创新已成为各国各地区经济发展的共同原则与指导方针。这种发展态势的根本原因在于高新技术企业创新所具有的战略性与普遍性。高新技术企业作为一种战略性产业，能够在区域经济发展以及现代化建设事业当中起到至关重要的作用，美国30%以上的科学家和工程师与10%以上的工厂雇员从事高新技术企业创新工作，制造业产值的20%和计算机科研工作的50%与高新技术企业创新存在直接关系，而且高新技术企业的创新活动还能够拉动多个领域的快速发展，比如电子信息、交通导航、数字机床以及网络通信等；同时，高新技术企业还属于一种普遍性产业，所研发生产的技术装备面向政府以及广大民众，整个生产过程也会受到政府以及广大民众的直接影响。所以，在高新技术企业创新交流过程当中，各国都是秉持审慎的态度，大部分都会走自主创新的道路，以保持核心竞争力，避免关键时刻受制于人。例如，在区域科研方面，美国确定了重点开发的12个基础研究领域和19个技术开发领域，英国确定了重点发展的9个技术领域，德国确定了重点发展的6个技术领域，俄罗斯确定了重点发展的6个技术领域。正是由于高新技术企业在创新过程当中有着一系列特殊属性，因此，各种创新技术的获得不应该采取“拿来主义”的方式，就算暂时从国外引进，也要在消化吸收的基础上走自主创新之路，不然就会处处受制于人。国家的技术安全，应该把握在自己的手中，这才是发展的硬道理。

对于我国来说，高新技术企业创新是促进社会和谐，全面建设小康社会的重要目标，也是全面建设小康社会的基本特征。经济建设协调发展是和谐社会的重要内容，高新技术企业创新活动能够给和谐社会建设以及社会主义现代化建设提供坚实的技术保障，同时也是建设高效的经济运行能力、创造稳定和谐社会能力的重要依托。

黑龙江省是我国开发建设较早的重要工业基地之一。黑龙江省传统优势企业在国民经济中发挥了非常重要的作用，为国家提供了大量的物资设备、积累了大量的资金，为形成比较齐全、独立完整的工业体系做出了重大贡献，为提升我国技术水平发挥了重要作用，是推进改革的重要环节。黑龙江省传统优势产业主要集中在装备制造业，在经过六十多年的发展历程之后，目前已经建成了产业齐备、基础稳固的制造业体系，尤其是装备制造业更是黑龙江省经济发展的支柱。在"十一五"期间，黑龙江省装备制造业发展速度迅猛，年均增幅达到了22%左右。但是，和全国水平相比而言，黑龙江省装备制造业发展速度还是稍显落后的。目前，黑龙江省的工业经济生产总值、增加值以及销售金额等各项指标都是居于中下游。至于工业经济利润总额、资产贡献率以及工业增加值等，更是排在全国后几位。

当前阶段，黑龙江省的优势产业大部分都集中在传统产业上，高新技术企业创新所占比重小，仅占全部工业增加值的18%左右，带动不了整个产业结构的升级。2011年，黑龙江高新技术企业增加值只占到了全省比重的3%左右，和全国11.7%的平均水平相比，是明显落后的。黑龙江高新技术企业的产品设计开发、关键零部件以及工艺生产设备等也都严重依赖于外部引进，有自主知识产权的较少。同时，即使已有自主知识产权的高新技术成果，也未能实现快速的商品转化，产业规模较小。目前，黑龙江高新技术企业高新技术成果的商品转化率仅为17%左右，由此可见一斑。

黑龙江省经济的振兴要依靠传统优势企业的发展，而企业的发展要将持续创新能力作为推动力。因此，如何针对黑龙江高新技术企业创新能力的实际情况，探索黑龙江高新技术企业创新的具体实现路径，构建一整套完善的创新能力指标体系，使其能够在国际竞争整体格局当中，形成具有独特优势的高新技术产业基础体系，提升黑龙江高新技术企业的综合竞争实力，是新时期黑龙江省实现跨越式发展、完成老工业基地振兴的一个重要课题，也是战略发展的关键所在。

目前，许多国家在金融、贸易、文化各个方面都达到了前所未有的高度。为了谋取更多的利益，许多国家都开始向高新技术领域进军，高新技术企业的创新规划已经上升到国家的发展规划之中，在各国的指导方针中有关高新技术企业的内容比比皆是。之所以会形成这种现状，是因为高新技术企业在各个领域创新方面战略目标的一致性，也从侧面反映了高新技术创新的重要性。高新技术上升为战略性目标的高度，其结果就会直接影响到当今社会区域化的金融进步乃至现代化建设进程的全局。有数据表示，在美国，29% 的科研人员以及 9% 的职业工人都或多或少接触着高新技术企业的创新部分。高新技术企业所引起的蝴蝶效应也能达到推动整体经济发展，多领域经济快速融合的目的。很多人对高新技术的应用范围还存在一些误解，认为只有具备高的科研强度的产业才是高新技术，其实不然。我们现在所说的高新技术其实是较为普通的、适用范围很广泛的产业，针对的群体也不单单是政府机构，还有广大的普通民众，生产过程会受到政府的各个机构以及普通民众种种行为的影响。高新技术企业为求创新，一定要摒弃“拿来主义”的思想，即使现在无法做到自主研发，必须从其他国家获取，也需要不断地研究破解，力求早日达到自主创新，否则长期依赖的后果必然会让自己的发展长期处于被动状态。从国家的政治层面来说，独立必须是全方位的独立；从发展的角度来说，只有自己的技术自己掌控才能发展得更稳。

高新技术企业的创新之路在一定程度上可以促进全民经济发展，进而促进全民完成现代化建设。从这一层面来说，高新技术企业的创新程度是衡量现代化建设完成程度的重要标准。经济基础决定上层建筑，因此，经济的建设是构建和谐社会的基石。高新技术企业坚持走出自己特色的创新之路，能为和谐社会的建设给予基础条件的保障，为经济的腾飞、社会的稳定贡献出力量。

黑龙江省是较早开发的东北老工业基地之一，发展时间长，重要程度高，借用曾经坚实的发展基础和丰富的资源，培养出一大批优秀的民族企业，在国家的发展过程中起到了举足轻重的作用。在这一过程中，为国家发展贡献的物质能源不计其数。较早成型的企业，各个职能分化明确，使得曾经的先进完备的工业系统完成了极重要的历史任务，也为我国经济整体的发展提供了极大的参考作用。黑龙江省发展的优势集中体现在装备制造业上，俨然成为黑龙江省的经济发展支柱。但是，黑龙江省当前所取得的成就并不能掩盖发展过程中存在的问题，因为在经济建设层面，黑龙江省当前的进步依然不足以进入国内第一梯队，和发达地区相比，黑龙江省的落后还是非常明显的，主要体现在工业经济利润总额、资产贡献率等方面，均处于全国低等水平。

高新技术企业所面临的环境将直接决定着高新技术企业的最终创新结果，因此，结合黑龙江高新技术企业所处的环境，构建和完善具有实际意义的指标体系，将各个因素加以量化，进一步提高黑龙江省高新技术企业的各项综合实力，是当前时代背景下黑龙江省真正做到“工业复兴”的重要因素，也是黑龙江省长期规划战略发展的核心问题。

1.1.2 研究目的及意义

1.1.2.1 研究目的

本书研究的主要目的是:在借鉴现有研究成果的基础上通过构建黑龙江高新技术企业的创新能力指标体系,明确创新能力对于黑龙江高新技术企业创新能力所产生的影响作用,给黑龙江高新技术企业创新能力分析提供一定的参考依据。在此基础上为黑龙江高新技术企业创新能力的提升提供新的思路,为政府部门制定相关政策提供科学的依据。

1.1.2.2 研究意义

1. 理论意义

本研究对于改善黑龙江高新技术企业创新能力、提高创新能力具有重大理论意义

黑龙江高新技术企业是黑龙江省国民经济发展的一支重要推动力量。创新图强,依靠自身力量来发展高新技术企业,是黑龙江省国民经济发展的主体方针政策。所以,黑龙江高新技术企业应该以创新为发展基点,将提升企业自主创新能力摆在突出位置,以引领黑龙江省高新技术企业快速、持续、健康发展。本书从系统论的观点出发,在深入研究黑龙江高新技术企业创新能力的影响因素基础上,建立了黑龙江高新技术企业创新决策能力、开发能力、实现能力和扩散能力子系统,并对四个子系统机制进行了研究。本书还构建了高新技术企业创新环境指标体系,并对高新技术企业创新环境评价方法进行了介绍,运用层次分析法对黑龙江省10家高新技术企业创新环境进行了深入研究,对其结果进行了分析。因此,本书对改善和提高黑龙江高新技术企业创新能力具有较大的理论意义。

2. 现实意义

本研究对于产业结构的优化和调整、促进区域经济发展具有重大现实意义

在当今经济竞争激烈化的形势下,创新能力作为高新技术企业发展的温床,是一个国家或地区软实力的重要体现。高新技术企业创新能力的营造需要具备相应的综合科研实力以及经济实力。在经过数十年的发展之后,黑龙江高新技术企业已经取得了显著的发展与进步,综合实力得到有效提升。与此同时,我们也必须认识到,黑龙江高新技术企业正处于深刻的体制转型期,面临着严峻的挑战。高新技术企业现状滞后于新时期东北老工业基地建设和国民经济的发展,高新技术企业市场竞争力不强,创新能力弱,核心技术依赖国外的问题日益突出,自主知识产权匮乏,这些都是黑龙江高新技术企业参与国际竞争的重要障碍。这就造成了高新

技术企业综合效益指数明显低于全国平均水平，高新技术企业产业结构不合理，高新技术产业在黑龙江省经济中比重低的状况没有根本改变，自我封闭、自成体系的现象仍然比较严重，缺乏活力与自主发展能力。

高新技术企业大多涉及现代高新技术发展最前沿、最敏感的领域，加之国际竞争的激烈性与不相容性，就必然决定了黑龙江的尖端关键技术不可能依赖引进，而要立足于自主创新。当前形势下，公司创新成果转化结果直接影响到公司的实际效益，进而影响到公司的潜在竞争力，甚至可以说对区域经济都会产生不可忽视的影响。高新技术企业的创新之路想要走得稳，就必须有两条有力的"腿"：一条是经济，经济能够保证各种科研是否能有强大的物质基础的支持；另一条就是研发能力，研发能力是创新的核心环节，无论其他条件多么完备，如果研发能力不够强大，那么一切创新都将会是空谈。经过长期的积累，黑龙江高新技术企业已经具备了发展的基础，而且在某些方面也已经有了较大的进步，然而局部的提升并不能起到拉动整体的目的，如果能做到整体的进步，必将成为黑龙江高新技术企业前进路上的分水岭，创新路上的里程碑。

1.2 国内外研究动态

鉴于高新技术企业在各国经济发展中的重要位置，高新技术企业创新能力研究成为国内外学术界的一个热点研究课题。目前，相关学者对于高新技术企业创新能力的研究有着多种表达方式，但是其中所涉及的本质内容却基本能够保持一致，即都认为高新技术企业创新能力应该是由多个要素共同构成的综合统一体，而不是一个孤立的客体。高新技术企业创新能力有着较强的系统性与全面性，其中既有内部影响要素，也有外部影响要素。由于各自分析问题的视角存在差异，在对高新技术企业的创新能力分析方法上也有所不同。高新技术企业目前所处的地位十分重要，这对研究高新技术企业的创新环境产生了至关重要的影响，因此它成为了国内外学术界研究的热门话题。虽然现如今有很多学者用很多不同的方法来研究高新技术企业创新环境，但是这些方法究其根源，实际上是相同的。他们所得出的一致结论是，高新技术企业所依存的环境应该是一个多种因素的有机结合。传统的结合就好像单纯地把水、酒、油都放到一个容器中，看似合在一起，却做不到真正的有机结合，并不能让整体发挥出最大的功效，甚至可能出现很大的冲突。高新技术企业想要寻求突破，必须具备整体性、全面性，让系统获得最大的效益。而整体的突破就必须统筹内外部的各种影响因素，让整体共同进步，防止出现"木桶效应"。

1.2.1 国外研究动态

1.2.1.1 关于创新的研究动态

创新这一概念,最早是由美国经济专家熊彼特提出来的。他在1912年所著的《经济发展理论》一书当中,对创新概念作出了界定,认为"创新应该是属于经济学范畴的一个概念。创新不但要在科学技术上取得创造成果,同时还要引入到企业生产过程当中,并提升企业生产能力。"熊彼特所界定的创新概念在内涵上比较广泛,包括了产品创新、工艺创新、组织创新、市场创新等多个方面的内容。

继熊彼特之后,创新理论研究逐渐分成两个学派:一个学派是以曼斯菲尔德为代表人物的技术创新学派,主要是从技术的创新、模仿、推广、转移等方面出发,针对技术创新做出研究探讨,从而提出了多个具有重要影响意义的理论内容;另一个学派是以道格拉斯为代表人物的制度创新学派,具体是将创新和制度融合到一起,重点强调企业技术创新与经济收益的关系问题,认为通过制度方面的创新,能够产生有利于提高经济收益的整体能力。

在欧美地区,文撒尔针对创新的机理问题作出了探讨,认为企业开展技术创新主要是受到内在发展需求以及外部能力变化的影响。埃里克提出,创新主体不应该仅限于制造商,还应该包括产业发展过程当中所涉及的其他主体。迈克尔·皮奥雷则集中探讨了政府行政规制对于创新造成的影响问题,认为科学完善的政府行政规制能够为创新提供良好的发展能力。赖凯兹基于博弈理论视角,针对创新的主体推动力作出了诠释。此外,还有部分学者针对技术创新的路径、阻力、扩散以及其他方面的问题做出了研究分析,代表人物有弗里曼、多西以及厄特贝克等。克莱因指出,技术创新的发展会受到多个因素的交互影响,从而呈现出非线形动态趋势,而且在这个过程当中,始终会有科学和经济的互动参与。

日本学者原正行在对比分析了日本和美国的相关经济政策以及科技能力的基础上,认为日本之所以会取得快速的经济发展成绩,主要是得益于科技方面的创新发展。韩国学者金麟洙具体分析了本国的科技创新发展过程,重点强调了独立创新的知识产权对于国民经济发展的重要程度。

1.2.1.2 创新能力研究动态

创新能力作为创新系统当中的一项重要内容,在早些时候并未受到创新研究领域专家学者的普遍重视,甚至在弗里曼、纳尔逊以及伦德瓦尔等著名的创新研究学者的学术著作当中,都没有创新能力这方面的任何内容。直到20世纪90年代,创新能力才逐渐成为创新研究领域当中的重要内容。

欧洲创新能力研究小组(GREMI)将创新能力理解为“能够培养出创新企业的场所”。学者多戈逊则指出,创新能力能够为企业迎接创新挑战提供重要的基础保障。世界经济合作与发展组织(OECD)在1997年发布的《国家创新系统》报告当中,针对创新能力作出了较为全面的诠释,认为创新能力是国家创新系统当中的一个重要构成因素,能够和创新资源、创新机构以及创新机制相互促进。创新能力主要指的就是能够为创新提供规范制度以及发展机会的国家结构体制,其中涉及了多个方面的内容,包括基础教育、通信设施、国家财政、产业政策以及市场经济发展水平等。通过OECD的这则定义能够看出,创新能力是以国家结构体制为中心的,企业只是一个创新载体,扮演的是接受者的角色,而不是创造者的角色。很明显,OECD对于创新能力作出的定义有着范围的局限性,过度强调了国家结构体制,忽视了企业在创新能力当中所发挥出的重要作用,所以这则定义并未引起集中关注。

学者伯拉曼提基于社会文化能力的角度,针对创新能力作出了分析探讨,认为社会文化能力能够对创新能力起到重要的影响,一种积极向上的社会文化能力,能够催生出良好的创新能力;反之,就会给创新能力带来阻碍。帕特则构建了一个以企业为中心的创新系统模型,其中包括了三个变量因素,分别为能力、产业和市场。在模型当中,能力是创新系统的重要外部基础。佩林将创新能力理解成一种空间集聚体,在这个集聚体当中,通过创新网络能够开展多边交易与学习活动,从而使得整体创新系统得到良性循环发展。梅拉特基于创新能力的特征角度,作出了这样的定义:创新能力就是一个能够孕育创新过程的区域组织。创新能力特征主要有三个方面的内容:第一,创新属于区域化的网络结构。尽管创新能力没有地理空间意义上的边界,但是在本区域内所拥有的创新资源,一般只会令本区域内的创新主体受益,并且在多边的信息沟通过程当中形成稳定的关系。第二,创新是企业外部因素和内部需求共同作用的结果,所以企业在制定创新发展策略过程当中,要充分考虑到创新能力情况。第三,创新能力属于动态的学习过程,创新主体本身的变化调整,也会作用于所处的创新能力,从而促成创新能力出现更新变化。

1.2.1.3 创新系统研究动态

伴随着创新研究领域专家学者对于创新过程的深入理解,他们已经逐渐意识到创新应该是一种非线性、动态变化的发展过程,企业与能力会产生交互作用。据此,“创新系统”也就应时而生。

美国经济专家熊彼特认为,创新系统是由各个创新要素共同构成的。在此之后,部分学者针对创新系统现象作出了验证。罗森堡认为,某一个方面的创新并不能单独推动社会生产力的提高,只有将多个方面的创新整合到一起,形成集群效应,才能够有效推动社会生产力的提高。在这种情况下,某个单独创新的社会价值也就难以被准确界定。多个单独创新构成了一个相互促进的创新群体,而这个创新群体就可以被理解成为创新系统。德布瑞森也认为创新并非是单独事件,所以在创新研究过程当中,要将重点放到创新系统研究上。

到了20世纪70年代,美国经济学家纳尔逊受到生物进化论的启发,将进化理论引入到创新研究领域当中,从而提出了一种全新的创新理论分支,即创新进化理论。创新进化理论实现了技术创新与制度创新的密切融合,促使创新理论研究能够回归到熊彼特提出的原始定义当中,将创新理解成为一种系统总体的概念,而不是单独割裂开来进行研究。但是,这种创新研究的回归并非是单纯的系统定义回归,而是建立在更高内容定义层次之上的理论统一。

按照传统的技术创新理论,开放的贸易系统能够让创新技术在国家之间扩散,这就使得落后国家可以追赶发达国家。但是,由于不同国家在技术投资政策方面有着较大的差异,所以尽管创新技术可以扩散,但是国家之间的技术差距却会越来越大。据此,学者佩特尔针对国家创新系统作出了分析论述,目的就是要研究不同国家之间的技术投资效果情况。在这个过程当中,佩特尔针对国家创新系统作出了这样的定义:能够对一个国家的新技术应用能力以及效率产生影响的整体政策机制。

学者弗里曼集中探讨了日本政府组织与企业组织对于创新系统发展所产生的作用情况。弗里曼研究认为,日本创新系统的核心就是企业。日本企业的技术应用能力、组织管理水平以及创新发展机制,表现出了日本国家创新系统的主体性特征,这和日本发达的教育培训制度以及完善的创新激励体系存在密切关系。学者伦德瓦尔在深入分析了创新产品厂商和用户之间主体关系的基础之上,还提出了一个企业创新系统理论,认为企业创新系统的发展,是生产者与用户之间相互作用的结果。

1.2.2 国内研究动态

1.2.2.1 关于创新的研究动态

从20世纪80年代开始,国外高新科技创新研究对我国相关学术研究界造成了显著的影响,使得我国部分学者也投入到创新研究领域当中,而且其中不乏独到犀利的见解。

国内学者在对创新理论作出的研究当中,比较具有代表性的有:王春法认为创新应该是一个比较复杂的社会过程,其中会有一系列的不确定因素,可能会对创新造成积极影响,也可能会对创新造成消极影响;许萧迪构建了一个创新动力机制模型,在这个模型当中包括了内部因素和外部因素两个方面的内容。

傅家骥指出,企业的技术创新应该是一个复杂的综合过程,其起因就是经营者要提高经济收益,其过程是推陈出新,注重效率性与成本性。一个不具备高效率与低成本的技术,不可能将其称之为创新技术。许庆瑞研究认为,创新是对新思想的一种充分利用,在这个利用过程当中可以产生新的生产力。上述研究,对创新的过程、内在机理以及属性内容作出了较为深入的诠释。

黄景贵认为,高新技术企业创新就是将科学知识转化,形成新的专业知识或生产技术。和黄景贵持有相近观点的还有吴立夫,他进一步指出,从可转让与否的视角来看,高新技术企业创新不同于技术,后者是不可转让的,一个国家的高新技术企业创新是产业技术能力的综合体。他们共同的观点体现在都承认技术能力是一种知识的形成与创造能力。

高建把高新技术企业创新分解为吸收能力、创新能力以及生产能力。其中,吸收能力指的是高新技术企业汲取与学习外部新知识的能力;创新能力指的是在充分汲取与学习外部知识的基础上,所形成的再创造能力;生产能力指的是将再创造的技术知识转化为产品生产技术。这三个构成要素之间形成一个循环往复、螺旋上升的技术能力增强渠道。

柯银斌等人提出了高新技术企业创新的基本构成要素,认为高新技术企业创新需要多个要素之间的共同参与,构成一个高新技术企业创新能力系统,在系统当中各个要素互相作用,协同发展,这样才能够完成最终的创新目标。具体而言,高新技术企业创新能力系统主要是由五个基本要素组成,即技术人员、技术装备、技术投资、技术信息和技术教育。各要素相互区别、相互联系、相互促进、相互制约。

吴建运认为,高新技术创新是企业技术系统为企业服务的能力,在这个过程中要充分应用已有的企业内外部知识,同时创造出新的知识。这些新知识具体表现为新工艺、新产品的开发与应用,从而提高产品质量,降低生产成本。

魏江把企业高新技术企业创新定义为:从外界获得较为先进的知识信息,同时结合自身的知识信息,通过再次创造所形成的新技术,同时还要作出扩散,以转化为实际生产能力。高新技术企业的创新是一个全面的积累与转化过程。他从以下两个层面来分析技术能力结构:第一层面是根据企业高新技术企业创新的提高过程来分析其结构,具体可分为消化吸收能力、技术监测能力、技术创新能力三个组成部分;第二层面是从较深的视角来分析其结构,具体可分为高新技术搜索能力、扩散能力、转移能力、学习能力、激发能力、管理能力以及再开发能力等。第二层面的能力其实就是对第一层面能力的一个直观体现,这就决定了第一层面的能力需要借助第二层面的能力得以实现。

安同良认为,高新技术企业创新概念是企业成长过程中,以及发展中国家在高新技术追赶中新使用的度量中介概念,它涉及企业本质的看法和对企业高新技术行为的演化本质的把握。他把高新技术企业创新界定为:高新技术企业在发展过程当中,通过知识获取、吸收、改造,以及再创造,研发出其他企业所未有的高新技术产品或服务的全部过程。

王道平研究认为,高新技术企业创新的实现,不但要具备一定的资源投入规模,同时还要具备良好的资源配置能力,这就需要区域内的各个创新主体之间能够做到相互联系、相互促进,取得创造性协同的效果。

党兴华研究认为,区域内的网络能力是企业实现技术创新的重要资源。网络能力当中某个企业取得的技术创新成果,能够被迅速扩散到其他企业那里,从而使得整个区域内的平均生产效率有所提升。

有的学者针对创新的内部结构情况作出了论证,具体是基于微观企业的创新过程开展研究分析。还有学者基于区域角度分析了区域创新能力的内部构成情况,比如学者刘凤朝研究指出,区域创新能力具体是由四个方面构成的,分别是资源能力、能力能力、载体能力和品牌能力。这些能力之间互相促进,共同为区域创新能力的发展贡献力量。学者柳卸林提出,区域创新能力可以基于知识创造与流动的能力、创新产生的经济效益这两个方面来诠释。

1.2.2.2 创新能力研究动态

由于受到各方面因素的制约,目前国内在创新能力方面作出的研究要明显落后于国外。总体来看,国内针对创新能力作出的研究开始于20世纪90年代,而研究成果则集中于最近十年。国内创新能力研究的代表人物主要有王缉慈、盖文启等经济学专家学者,这些学者大量借鉴了国外的相关理论,并从我国社会经济发展现状角度出发,针对高新技术企业的创新能力作出了阐释。

王缉慈提出,创新能力与创新网络在概念内涵上是相同的,都指的是在高新技术产业发展过程当中所依托的整体社会能力,包括政治能力、经济能力、文化能力和基础设施能力等。创新能力是地方行为主体之间在长期交流合作的过程中营造出来的较为稳定的社会系统。这里所谓的地方行为主体,包括高等院校、科研机构、地方政府、企业组织以及个人。

盖文启认为,创新能力的含义有两个,一个是静态能力,另一个则是动态能力。其中,静态能力指的是能够推动区域内行为主体实现创新的能力;而动态能力则指的是能够在推动区域产生创新活动以及创新绩效的过程当中,伴随着区域客观能力的发展变化而及时做出调整与改进的整体能力。比如包括道路交通、教育机构、科研单位在内的基础设施,就属于静态能力。但在高新技术企业实现创新的过程当中,更多地是依靠动态能力,比如文化氛围、经济政策、劳动力市场、金融市场等。

学者陈赤平研究指出,创新能力作为产业技术创新发展的重要外部保障,具体是由四个层次的外部能力构成:一是产业层次的外部能力,指的是产业集群内部各个企业之间开展一系列的合作开发活动,进行充分的技术学习,能够在互相关联的同时开展有序竞争,构成一种内部协调的网络关系;二是部门层次的外部能力,指的是区域内的各个部门主体,包括高等院校、科研单位以及产业集群等,在总体产业制度、社会文化以及经济发展能力的影响之下,构成的区域性创新系统;三是国家层次的外部能力,指的是在国家境内的各个部门机构以及企业组织之间在相互影响、相互作用的基础之上,构成的能够有效推动社会科学技术发展的国家创新系统;四是国际层次的外部能力,指的是各个国家的政府、企业组织之间在充分合作与交流的基础上,构成的高度开放式创新系统。国际层次的外部能力是技术创新的一个高端发展表现。陈赤平认为,创新能力作为技术创新的重要外部约束条件,在发生变化的过程当中会给技术创新活动带来双重的机遇与挑战。高新技术企业在创新过程当中,不应该被动地去适应能力,而是要积极主动地融合到外部的创新能力当中,实现能力的再创造。

学者卢伟认为,创新能力是多个社会关系的集合体,能够为高新技术企业的创新能力发展提供保障。创新能力和区域内的社会文化能力等存在着密切的关系,起主导作用的就是政府。政府作为宏观经济能力的调控者,能够通过一系列的调控手段来营造良好的创新能力。一个创新能力良好的区域,能够对高新技术企业产生巨大的吸引力,目前我国各地建设的高新技术开发区,就是典型的例证。

申晋哲和耿玉德针对黑龙江省的实际情况,运用层次分析法原理对黑龙江高新技术企业创新能力进行了实证研究,建立了一系列指标体系,并运用模糊分析法对创新能力进行了优化分析,提出了黑龙江高新技术企业创新能力的优化策略。范阳东和梅林海对政策能力进行了研究,提出政策能力要与不同的管理水平相适应,实施不同的能力政策,才能发挥政策能力的效力。

1.2.2.3 创新能力系统研究动态

从20世纪90年代末开始,国内专家学者针对创新能力系统作出了一系列的研究探讨,其中包括我国国家创新能力系统的建设现状、内部构成以及影响意义等。

学者陈劲针对我国国家创新能力系统的发展演变作出了列举,并初步构建了我国国家创新能力系统的理论框架;左铁墉论证了我国高等院校在我国创新能力系统里面所发挥出的重要作用,认为只有大力发展高等教育,才能够逐渐完善我国的整体创新能力系统;刘洪涛则是在借鉴国外创新能力系统理论的基础之上,明确了当前我国社会经济发展现状,认为建立高新技术开发区是完善创新能力系统的一个重要举措;王缉慈研究指出,创新能力系统当中应该是由地方行为主体构成的，包括地方政府、高等院校、科研单位、企业组织以及个人等；胡继灵认为，在创新能力系统当中，高新技术企业是推动系统发展与完善的重要力量，所以在创新能力系统的建设过程当中，要充分重视高新技术企业的发展。

学者陈向军针对我国创新能力系统发展建设的支持体系作出了分析，认为其中应该包括六个方面的内容，具体是政策能力体系、资金融通体系、人才培养体系、法律保障体系、技术创新体系和基础服务设施体系，同时陈向军还分别对上述六个内容作出了诠释。

范爱军认为，在创新能力系统当中，高新技术企业对于资金投入的依赖比较大。对于很多高新技术的项目产品而言，高投入会有高回报，但也会伴随着高风险。所以，创新能力系统里面必然会涉及风险因素。

1.2.3 国内外研究动态评述

1.2.3.1 研究方法方面

在研究方法上，未能摆脱传统理论的束缚，对研究方法的创新缺乏。

国内外学者分别站在不同的视角下对高新技术企业创新进行了分析研究，在高新技术创新的研究方面取得了丰富的研究成果。我国学者脱离了“就高新技术论高新技术”的狭隘认识，逐步意识到高新技术和经济的密切关系，指出高新技术创新是一种“经济行为”，是以高新技术为手段最终达到“满足市场需求和促进经济发展的目的”。但是，国内学者对高新技术创作出的研究分析大都不成体系，相对比较零散，系统性不强，理论深度不足。在研究过程当中，大都是针对某个国家或者是某个行业特征来进行探讨，这就使得针对创新系统的分析缺乏全面性。通过对选择的探究方式进行评价，我们发现，无论是国内外的专家学者还是各种教育机构都始终沿用着传统的方式和相应的理论，没有真正地打破这种束缚，使得创新的研究只能维持在一个很小的范围里，而且这种守旧还体现在研究方法上，综合来看研究方法过于单一，采用同一种研究方式往往让最后的研究结果大同小异，远远达不到我们预期的调查效果，整体研究就成了一纸空谈。同时有关创新理论的研究学者通常各自为战，严重削弱了他们的真正实力，调查结果也显得非常松散，有的学者甚至在精细研究很久之后才发现自己和别人的研究思路完全相同，以至于浪费了大量时间和金钱。同时，这种各自为战的方式也让最终的调查结果显得有些浅显，理论性强，实用性不足，在研究过程中选取的样本往往是单一的，区域选择过小，以至于调查结果可能存在偶然性和局限性。这就是不能够联合研究，没有进行全面合作的后果。值得庆幸的是，这种研究方式也让最终的研究结果变得多样化，从不同的出发点进行研究，将创新研究这一整体框架中的内容在极大程度上进行了补充。

1.2.3.2 内容体系方面

在内容体系上,研究成果较为分散,对复杂性认识还有待于提高。

国内外学者对高新技术企业创新能力有了进一步的研究,分析了创新能力的构成。但对创新能力的关系研究不论是深度还是广度,都是比较有限的,严重缺乏系统性与成熟性。对于高新技术企业创新活动而言,只有构建起完善的创新能力评价系统,才能够营造良好的创新氛围,这应该是高新技术企业战略管理当中的一个重要环节。通过对有关内容体系的评价指标进行分析,我们发现,最终获得的理论成果浅显且相关性小。科研人员只是简单地用数学模型将创新环境的组成因素进行了赋值,并用线性关系进行了处理,但是这种数学模型的构建还是存在一定的局限性。虽然,这种数据模型让观测和说明变得更加容易,但是也降低了准确性,同时也加入了大量的偶然性。这种不成熟的调查研究会浪费时间精力,给未来的研究造成一定困扰。想要解决这种问题,必须做到将创新体制进行大规模的整改,让体制轻装上阵,才能发挥出最大的力量进行相关的创新,因此必须构建出良好的创新氛围,从而给高新技术企业的战略部署提供良好的孵化场地,更好地为创新提供保障。

本书正是希望通过对这些情况的一一阐述,再结合各种先进的技术和相关理论知识,以黑龙江部分企业作为样本进行分析,将黑龙江省未来高新技术企业的发展思路进行量化,来达到真正促进黑龙江省高新技术企业不断完善发展的目的。

1.2.3.3 在实证研究上,缺乏定量研究,对创新能力的研究较少。

国内外学者在高新技术企业创新方面作出了较为深入的研究探讨,而且出现了大量的理论成果,能够为本书奠定坚实的理论基础。但是整体而言,目前在高新技术企业创新能力方面做出的研究还是远远不够的。高新技术企业创新活动本身有着明显的特殊性,高新技术企业创新能力对其创新能力的影响非常重大。

因此,本书首先对国内外高新技术创新能力现状进行了分析,并结合黑龙江高新技术企业创新能力的实际情况,得到了改善黑龙江高新技术企业创新能力的经验及启示。再从系统论的观点出发,构建了黑龙江高新技术企业创新能力系统,并对系统机制进行了研究,这是本书研究的理论创新之处。通过研究分析,为我国高新技术企业创新能力提供新的思路与途径。

1.3 研究思路及方法

1.3.1 研究思路

本书的研究思路是:首先阐述国内外高新技术创新能力现状,主要介绍了美国、日本、欧洲以及发展中国家的高新技术企业创新能力发展现状,并结合我国高新技术企业创新能力的现状,总结出了国外高新技术企业创新能力发展的经验及启示。其次,论述了黑龙江高新技术企业创新能力的内部影响因素和外部影响因素;外部因素主要包括宏观企业经济实力因素、资源因素、法律政策因素、市场因素、科学技术因素、社会文化服务因素六个方面的因素;内部因素主要包括创新管理因素、R&D 投入因素、学习能力因素、营销能力因素、生产能力因素五个方面的因素。再次,对黑龙江高新技术企业创新能力系统进行了研究,构建了决策、开发、实现、扩散四个子系统,并对这四个子系统系统机制进行了研究。构建了高新技术企业创新能力指标体系,并运用因子分析方法,通过实际调研来获得一手的统计数据信息,选择了黑龙江省内的 10 家高新技术企业作为研究样本,针对已经构建完成的高新技术企业创新能力指标体系进行实证分析研究。最后,提出了保障黑龙江高新技术企业创新能力对策与建议。

本书具体研究结构如图 1.1 所示。

1.3.2 本书研究方法

1.3.2.1 定性分析和定量分析相结合

本书在对创新能力做出评价的基础上,结合高新技术企业的自身特点,系统地剖析了法律政策能力、市场能力、资源能力、服务能力和人力能力等外部能力。在后续的研究当中,使用定性分析的方法,将那些难以量化处理的影响要素纳入,从而实现了定性分析与定量分析相结合,确保了最终评价结果趋于科学性、合理性与系统性。为确保研究的准确性,本书采用了定性分析和定量分析相结合的方式。具体来说就是把创新环境作为评价的基石,一切研究必须建立在此之上,同时将高精尖技术的超前性等特点找出,并以此为突破口,结合法律法规环境、相应的市场环境等各个创新环境,进行总体评判。本书作者努力将各个因素全部量化,同时大胆采用定性定量相结合的方式,保证最终的评价结果真实有效。

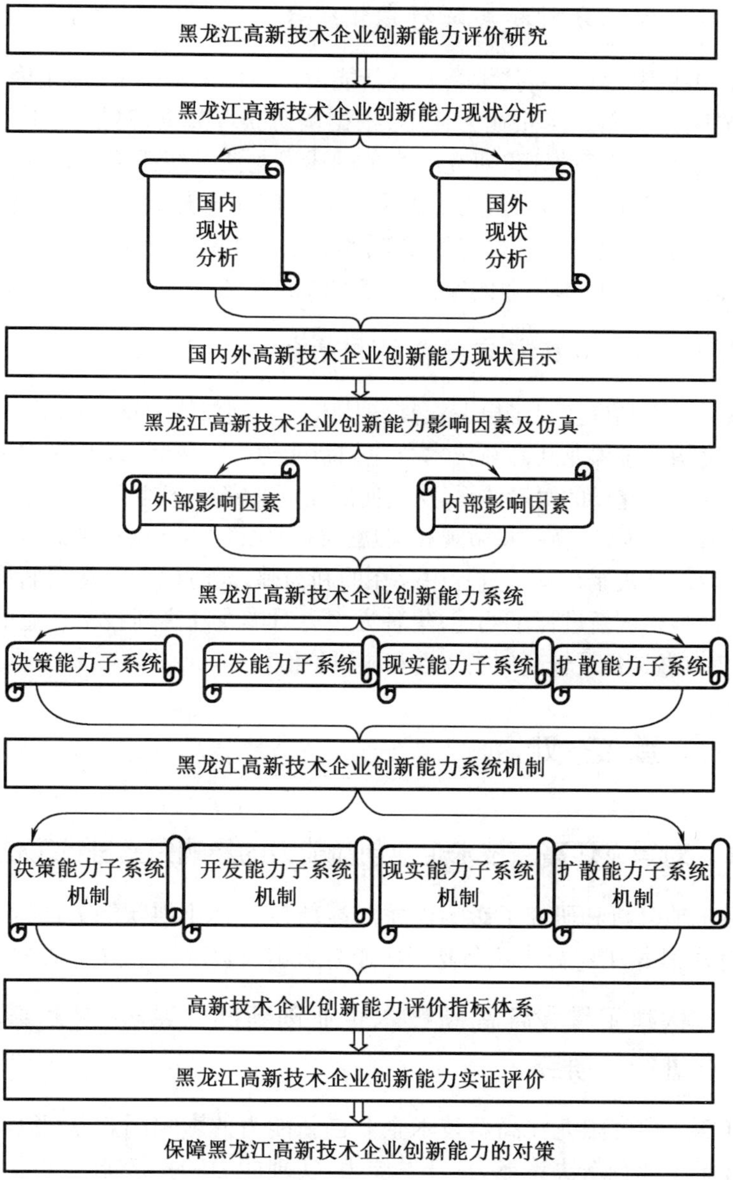

图 1.1　本书具体研究结构示意图

1.3.2.2 规范分析和实证研究相结合

本书在构建黑龙江高新技术企业创新能力指标体系基础上,运用因子分析法,以黑龙江省10家高新技术企业为样本,根据调研获取数据,对黑龙江高新技术产业创新能力进行了实证的评价研究。为了阐述黑龙江省高新技术企业创新环境的相关指标及最终的结果,本书选用了因子分析法和科学统计法,将作为样本的黑龙江省10家高新技术企业进行相应的创新环境情况的调查分析,通过所取得的数据来说明黑龙江省高新技术企业的实证研究方法的意义。

1.3.2.3 微观分析与宏观分析相结合

本书既从微观角度探讨了黑龙江高新技术企业创新能力运行体系的运作机制,又从宏观角度构建了黑龙江高新技术企业创新能力指标体系,以及保障黑龙江高新技术企业创新能力建设的对策体系,从而使研究更加完整、科学和具备系统性。本书为了达到分析的全面性,特意将微观和宏观进行对比说明,从微观层面解析了黑龙江高新技术企业创新机制在运行过程中存在的利与弊,同时也在宏观层面将黑龙江高新技术方面的整体创新进行了阐述,集各方之力对黑龙江高新技术企业的创新体系进行分析,使本书具备了较高的实用性和科研价值。

1.4 创新之处

1.4.1 对黑龙江高新技术企业创新能力的影响因素进行了仿真研究

本书系统地分析和研究了影响黑龙江高新技术企业创新能力的因素,并运用Vensim软件对黑龙江高新技术企业创新能力影响因素进行了仿真。

1.4.2 构建了黑龙江高新技术企业创新能力系统,并对系统机制进行了研究

本书在深入研究黑龙江高新技术企业创新能力的影响因素基础上,建立了黑龙江高新技术企业创新决策能力、开发能力、实现能力和扩散能力子系统,并对四个子系统系统机制进行了研究。

1.4.3 构建了高新技术企业创新能力评价指标体系

本书在对黑龙江高新技术企业创新能力现状特点进行分析的基础上,结合黑龙江高新技术企业创新能力要素构成及影响,构建了高新技术企业创新能力评价指标

体系。

1.4.4　用数据和科学方法开展研究

本书在实际调研的过程当中获得一手数据，使用因子分析法针对黑龙江高新技术企业创新能力开展实证研究，为改善黑龙江高新技术企业创新能力与评价提供了科学的方法。

第2章 黑龙江高新技术企业创新能力现状及国内外启示

2.1 高新技术企业创新能力含义及特征

2.1.1 高新技术企业创新含义

高新技术企业是以高新技术为基础,从事一种或多种高新技术产品的研究、开发、生产以及附加服务的企业集合。高新技术企业属于知识密集、技术密集的产业,产品的主导技术应该是归属于高新技术领域当中具有前沿突破意义的创新技术,根据这一标准,目前高新技术企业主要包括信息技术、生物技术、新材料技术三大领域。高新技术企业创新主要是指高新技术企业完成高新技术创新的全部过程,特别是关键的、核心的技术。高新技术企业的创新包括原始创新、二次创新以及集成创新三种类型。其中,原始创新指的是创造出一种人类历史上未曾出现过的新技术,核心内容就在于“首创”,而这也是创新的本质所在;二次创新指的是在充分借鉴他方先进技术的基础上,开展二次创造,有“青出于蓝而胜于蓝”的意味;而集成创新则指的是将多个先进技术有机融合到一起,使其更具市场竞争实力。一般在具有重大战略意义的产品生产过程当中,才会应用到集成创新。通过集成创新,能够使得高新技术更加有效地转化成为社会生产力,以实现其技术价值。在高新技术企业的创新过程当中,通常会基于自身实际以及外部能力变化情况,有针对性地分别选择原始创新、二次创新或是集成创新。

高新技术企业集合了多种高精尖技术产品的研发及生产等服务。虽然大家都知道,开发新的技术是十分困难的,但是只要研发成功,其给人类以及社会带来的经济和社会效益是不容小觑的。高新技术企业属于知识、技术密集型的产业。占据高新技术产品的主导技术是一种创新技术,在高新技术领域具有突破性的意义。根据高新技术企业创新的这一层面的含义,目前高新技术企业主要囊括以下三大领域:新材料领域、生物领域、信息技术领域。高新技术企业创新的过程主要是运用核心技术来完成高新技术的创新。

2.1.2　高新技术企业创新能力含义

高新技术企业创新能力就是高新技术企业进行创新活动所面临的内部和外部影响因素的相互作用、相互制约、相互协调的有机结合，是内部和外部影响因素与创新主体的有机结合，是通过决策、开发、实现和扩散等方面对创新能力影响的系统机制。高新技术企业创新本身属于一项较为复杂的经济行为，开展创新的目的不单是要发明与发现新技术，同时还要实现其市场价值，转化成为现实的生产能力。这就能够看出，高新技术企业的创新能力指的是高新技术企业在市场竞争过程当中，为提升产业发展升级能力，取得明显的市场竞争优势，科学整合与配置各项创新资源，能够在创新过程当中影响创新能力的各种机遇和挑战的有机综合。

高新技术企业的创新环境是根据创新活动和其影响行为相互作用的产物，是创新活动的主体和影响创新活动的种种因素相互结合。高新技术企业创新本身就是一种不简单的经济行为，开展创新活动、研究创新环境的原因不仅仅是要发现新技术，还要将其转化成生产力，提高其自身价值。

2.1.2.1　创新能力与自主研发能力存在差异

创新能力是一个综合统一体，系统性较强，涉及创新的构思、生产、研发以及产品化的整体过程，自主研发能力则是高新企业在开展产品研发过程当中所处的能力。尽管自主研发能力能够作为产业创新能力当中的一个关键构成，但还是与创新能力有着较大的差异。就某个产业而言，其创新能力借助内部构成要素之间的协调作用，就能够被体现出来。而自主研发能力还需要有相应的市场营销以及生产管理能力作为组织保障，否则就难以实现产品的最终价值，企业也就难以在激烈的市场竞争当中占据有利地位。

创新环境是一个整体化过程，它涉及创新活动的一系列行为，如生产和研发等，它是一个统一体，有较强的系统性。自主研发环境则仅仅是在高新技术企业研发产品时候所处的环境，这就是它与创新环境所存在的不同之处。自主研发环境与创新环境还存在着从属关系，自主研发环境是创新环境的一个组成部分，但它们又有本质上的差别。在个别产业中，创新环境比较容易体现出来，只要与内部构成要素相互协调就可以了，然而自主研发环境便没有那么容易体现出价值，它需要借助市场营销的作用等来实现自身的最终价值。这样一来，企业就不容易在市场竞争中占据有力的地位。

2.1.2.2　创新能力是一个不断积累、逐步持续形成的过程

创新能力的形成是高新技术企业创新能力不断提高的结果，包括高新技术吸

收的能力、高新技术整合的能力和高新技术变革的能力。高新技术吸收的能力指的是产业集群对于高新技术当中所包含的知识技能作出分析、学习、吸纳与应用。尤其是应用,更是高新技术吸收的目的所在,如果高新技术未能得到应用,也就失去了它本来的价值。在应用高新技术的过程当中,会涉及多个方面的因素,必须有充分的市场调研以及对高新技术的理解与掌握,同时还要具备对先进高新技术的学习与消化的能力。创新能力并非是一成不变的,而是会经历一个积累与完善的动态过程。在这个过程当中,高新技术的原始创新能力也会出现一定的变化,从而完成技术积累的准备,最终在新技术与新材料上实现工艺上的创新,形成自主的核心技术,运用这种方法而使自身立于不败之地。

2.1.3 高新技术企业创新能力特征

2.1.3.1 系统性

高新技术企业创新能力包括了多个能力要素,而这些能力要素之间能够做到有机结合,相互协调,相互促进,使得高新技术创新能力呈现出明显的非线性关系。由此可见,高新技术企业创新能力有着较强的系统性,需要将各种类型的创新资源有机结合到一起,这样才能够有效发挥出高新技术企业的创新能力。

2.1.3.2 开放性

高新技术企业需要根据内外部发展的实际情况,在充分吸收外界能力要素的基础上,有针对性地调整企业内部结构,同时还要改造外部能力,为自身发展营造良好的生存条件。而这些对于大部分高新技术企业而言,单独依靠自身力量是难以完成的,要充分利用企业之外的一些创新资源要素。因此,高新技术企业创新能力呈现出高度的开放性。

2.1.3.3 不可模仿性

不同的高新技术企业之间,会有不同的生产能力、营销能力以及管理能力,这些都已经被融入到企业文化当中,形成了属于自己的特色,这就决定了高新技术企业创新能力是各不相同的,不能够单纯地模仿照搬,“拿来主义”在创新方面行不通。

2.2 我国高新技术企业创新能力现状

2.2.1 我国高新技术企业创新发展历程

新中国成立以来，我国高新科学技术在“一穷二白”的条件下，从无到有，历经无数的困难与挫折，始终在不断前进。高新技术已经走过了六十多年的发展历程，并取得了举世瞩目的发展成绩。

我国在新中国成立之初几乎不具备任何高新科学技术基础。在这种背景下，党和政府开展了一次战略性的高新科技发展大动员活动，以邓稼先、钱学森为代表的高新科技工作者，用自己的聪明与智慧，充分发扬不畏艰苦、勇于献身的精神，在 20 世纪 60 年代成功引爆了我国首颗原子弹与氢弹，接着又以此为突破口，在航天技术、导弹技术等多个高新科学技术领域当中取得了举世瞩目的成就，极大地提升了我国的国际地位。

改革开放之后，伴随着我国社会经济的快速发展，党和政府又制订了重点发展高新科学技术的重大战略方针，开始在多个领域当中大力发展高新科技，并且实现产业化。我国陆续制定了多项高新科学技术发展计划，包括高新科技攻关计划、火炬计划、星火计划以及“863”计划等，在全国范围内建成 52 个国家级高新技术开发区，同时还建设了包括同步辐射、重离子加速器在内的多项国家级重大科学工程，国家级重点实验室、国家工程研究中心、重大工业性试验线更如雨后春笋，遍地开花。目前，已经初步构建了高新技术整体战略框架，在多个领域当中逐步缩短了与世界先进水平之间的差距。尤其是在载人航天技术上，从神舟五号上天至今，已经陆续成功发射神舟六号、七号、八号、九号和十号，成为继美国与苏联之后，第三个掌握载人航天技术的国家。

在我国正式确立科教兴国发展战略之后，高新科学技术发展逐渐步入了产业化与规模化的发展壮大期。我国各级政府对于高新技术企业发展都给予了高度的重视，并给予了资金投入与政策方面的支持。目前，在核能利用、电子信息、航空航天、新兴材料等多个领域当中，相继涌现出一批具备国际竞争力的高新技术企业集团。

在党和政府的支持下，我国高新技术企业发展能力正在趋于完善，稳定性与可持续性良好。我国近年在高新技术企业的投入与产出上，和过去相比已经有了重大的发展变化。

2.2.2 我国高新技术企业创新能力现状

2.2.2.1 我国高新技术企业创新外部能力现状

1. 经济实力能力

企业创新是经济实力增长的原动力,而经济实力反过来又能够给企业创新营造有利的外部能力。两者之间相辅相成,互相促进。当前我国正在构建与完善经济增长和科技进步相结合的发展机制,并加快了高新科学技术成果实现商品化的转化速度,建立健全知识产权保护法律法规,在引进国外高新技术的同时,还大力提高自主知识产权在高新技术应用当中的比例,使得社会主义市场经济发展的高科技含金量不断提高。而宏观经济的不断增长,也使得一些大型企业集团开始兴建高新技术开发中心,创造了良好的创新能力。各家科研机构,尤其是应用开发型科研单位,积极和企业建立合作关系,做到了产、学、研相结合,使得高新科技成果能够直接转化为现实生产力。政府在加大高新科技的资金投入力度的同时,还积极引导社会资金进入到高新技术研发领域当中,构建了一整套合理的高新技术企业风险投资管理机制,有效推动了高新科技投资的多元化发展,不断地给高新技术企业发展注入新鲜的血液。

在经过十余年的发展历程之后,2011 年,我国高新技术企业总产值已经超过了 1.5 万亿元人民币,年均增幅超过了 25%。高新技术企业在制造行业当中所占比重也已经达到了 14.7%,年均增幅 2.6%。高新技术产品出口金额达到了 740 亿美元,占到了我国出口总额的 19%。目前,电子信息产业是我国国民经济发展当中增速最快的产业,在产品结构上得到了持续的优化,附加值较高的元器件种类不断增加,低附加值的代工产品逐渐下降。电子信息产业的整体规模更是呈现出几何增长的趋势,已经发挥出支柱性产业对国民经济增长的拉动作用。

2. 法律政策能力

法律政策是高新技术企业开展创新活动的重要外部保障因素。完善的法律法规能够为高新技术企业发展起到护航的作用,比如知识产权保护法、政府采购法等。而政府的创新政策则能够引导高新技术企业的发展道路,激励高新技术企业升级产业结构,协调好科技与经济之间的关系。尤其是在我国特殊的国情体制之下,政府在高新科技发展过程当中更能够起到重要的影响作用。政府在制定财政税收政策、政府创新投入政策的过程当中,可以有针对性地向高新技术企业倾斜,提供优惠的政策能力,从而有效地促进高新技术企业的发展。政府与高新技术发展的关系如图 2.1 所示。

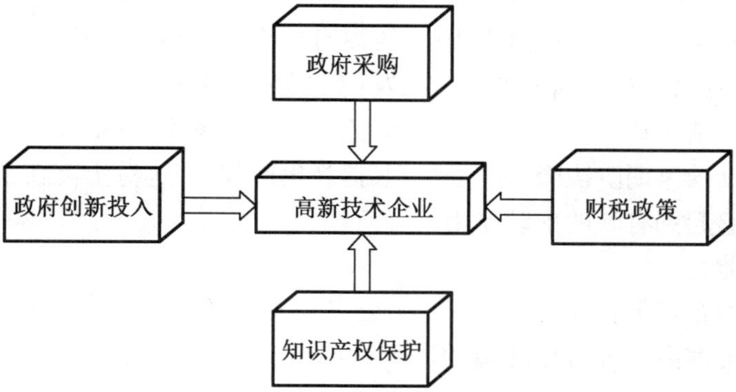

图 2.1　政府与高新技术企业发展的关系示意图

(1)政府采购

政府采购指的是国家机关单位使用财政资金,在监管部门的统一管理下,采购办公物品或者是其他服务行为。政府采购的需求数量比较大,可以对创新产品起到直接的影响作用,这主要体现在两个方面上:一方面,通过政府采购能够解决企业在创新初期的资金需求以及市场开发问题;另一方面,通过政府采购可以激发企业或者科研单位开发创新产品的动力。目前在很多发达国家,政府会有意识地通过政府采购来影响高新技术企业的创新活动。

(2)政府创新投入

政府创新投入指的是由政府直接投入或担保,为具有一定影响力的创新活动提供资金上的支持。政府创新投入的方式有多种类型,包括政府引导投入、政府直接投入以及政府担保投入等。通常而言,政府创新投入是高新技术企业开展创新活动的最直接、最有效的支持,使得高新技术企业的创新活动能够获得外部资金支持,一些试验、设计以及开发环节得以顺利进行下去。

(3)知识产权保护

高新技术企业的创新成果一般都是以知识产权的形式出现的,而创新成果在对外公布之后,很容易被模仿与抄袭,如果不能够做好知识产权保护工作,就会使创新主体利益受损,而模仿抄袭者则是不劳而获,久而久之,就会严重打消高新技术企业开展创新活动的积极性。因此,知识产权保护势在必行。通过完善的知识产权保护法律法规,能够提高高新技术企业保护核心技术的能力,将创新产品转化成为经济收益,而经济收益反过来又可以为创新活动提供资金支持,从而产生良性循环。

(4)财税政策

政府在制定财政政策的过程当中,可以有意识地向高新技术企业倾斜,通过一系列的优惠措施,比如创新成本抵减以及创新收益减免税收等,以鼓励高新技术企业开展产品创新活动。通过政府的财税政策倾斜,能够帮助高新技术企业在产品创新研发活动的早期阶段降低税务负担,提高生产收益,这对于高新技术企业开展创新活动能够起到有效的推动作用。

3. 市场能力

高新技术企业创新发展需要有一个公平开放、竞争有序的市场能力作为依托,在很多情况下都离不开市场环境的影响。在高新技术企业的发展过程中,市场环境对其造成的影响也是十分明显的。当市场需求发生变化时,便会激励高新技术企业创造一个新的市场,促进产品创新活动的开展;同时,一旦高新技术企业推出新的产品,为了满足广大消费者的需求,企业还要为所创造出的新产品建立一个新的市场。市场环境这把"双刃剑"既给高新技术企业带来了效益,也给其带来了挑战。高新技术企业应该在一个公平、公正、秩序井然的市场环境下成长。影响高新技术企业创新活动的主要因素有:

(1)市场需求能力

只有出现对产品创新的市场需求,高新技术企业才有机会在实现创新之后获得利润收益。通过对市场需求进行调研,高新技术企业可以指定合理的产品价格,以获得一定的利润收益,这才是高新技术企业开展产品创新活动的原始动力。而在高新技术企业获得较高的利润收益之后,反过来又可以为开展新一轮的创新活动提供资金支持,以满足新出现的市场需求,从而产生一个良性循环。

(2)市场竞争能力

市场竞争对于高新技术企业开展创新活动所产生的影响作用,主要体现在竞争压力的转化上,在高新技术企业把市场竞争压力转化成创新动力的过程当中,可以显著提升创新水平,完善创新能力,培养创新意识。当然,对于高新技术企业而言,市场竞争也是一把"双刃剑"。对一部分高新技术企业而言,能够在激烈的市场竞争当中产生危机感,并深切认识到开展产品创新的重要性,然后在充分的市场调研基础上,集中精力研发新产品,获得新的利润空间,使得高新技术企业在市场竞争当中发展壮大;而对另一部分高新技术企业而言,由于激烈的市场竞争当中利润空间被压缩,缺少资金,最终反而会影响到创新活动的顺利开展。

我国首个高新技术企业开发区为深圳科技工业园,建于1985年。在此之后,我国各地区的高新技术企业开发区开始陆续建成,截至2010年,我国的国家级高新技术企业开发区已经达到了88家。在经过三十多年的发展历程之后,有大量的高新技术成果完成了产业化升级,并迅速成长为所在区域的支柱性产业,给地方经济发展做出了卓越的贡献。目前,我国的国家级高新技术企业开发区是我国改革开放事业成果的展示窗口,在整体上推动着我国高新科技发展进程,为传统产业改造升级发挥了重要的影响作用,同时也是地方投资软能力提高的集中体现。目前,我国 88 个国家级高新技术企业开发区可以创造 750 万个就业岗位,年产值超过 4 000 亿元人民币,年均增幅达到了 58%。在 2008 年世界金融危机的影响之下,全球范围内经济增长速度有所下降,但是我国的国家级高新技术企业开发区的主要经济指标还是呈现出一片欣欣向荣的景象,为我国社会经济的发展提供了重要的动力源泉。高新技术企业开发区在发展过程当中,实现了产业化发展和高科技活动相结合,产生了重大的社会经济效益,是社会主义现代化事业的一个重要发展方向。

相关统计数字结果表明:高新技术企业开发区里面所推出的自主知识产权高新技术产品,已经占到了总体的 76% 以上,并承担了全国数千项重大科技攻关科研项目。大部分国家级高新技术企业开发区所创造的工业增加值都占据了所在城市工业增加值总数的较大比例。其中,上海市占到了 21%,北京市占到了 16%,苏州市占到了 45%,西安市占到了 15%,哈尔滨市占到了 21%。在国家级高新技术企业开发区当中,相继涌现出了一大批包括联想、中兴、华为、方正在内的具有国际知名度的高新技术企业,为民族高新技术发展做出了重大的贡献,并进一步提高了我国的综合国际竞争力。可以说,我国的高新技术企业开发区作为社会主义现代化经济建设的一个重要部分,为我国社会经济发展提供了不可估量的动力支持。

4. 资源能力

高新技术企业的资源主要包括三个关键要素,分别是财力、物力和人力。其中,财力指的是高新技术企业所能够支配的资金,具体可以通过利润收益和对外融资获得;物力指的是高新技术企业在创新过程当中所消耗的各种资源,包括科技资源、各种材料、加工场所等;人力指的是高新技术企业在创新过程当中的参与人员,一般特指专业高新技术人才。高新技术企业创新资源影响要素如图 2. 2 所示。

资源能力对于高新技术企业创新活动造成的影响,主要表现在以下几个方面:

(1)资金的可获得性

资金作为高新技术企业开展创新活动过程当中一个不可或缺的重要因素,是资源能力变量中的关键性约束因子。高新技术产品创新属于高投入、高风险、高回报的项目,充足的资金是高新技术产品创新成功的重要保障。对于高新技术企业而言,资金的可获得性主要是体现在融资渠道上。如果融资渠道过少或是不通畅,就会使高新技术企业的创新活动受到限制。所以,评价一个高新技术企业的创新活动能力水平,需要重点考虑其资金的可获得性。

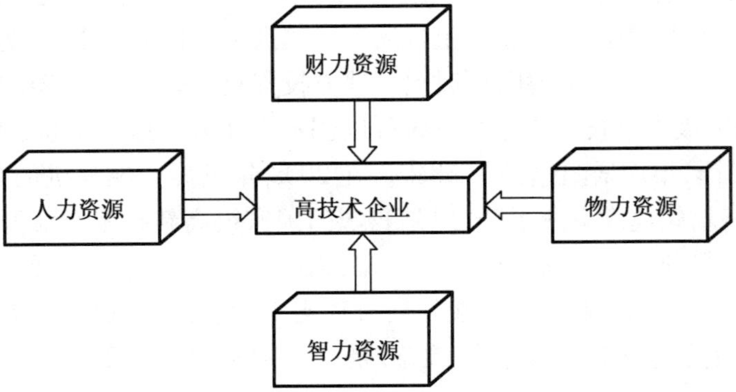

图 2.2　高新技术企业创新资源影响要素示意图

(2)自然资源的可获得性

自然资源是指人类用于生产、生活等方面的资源,如淡水资源、矿产资源。对于高新技术企业来说,这些资源能够被应用于创新活动当中。经济的发展离不开自然资源的存在。现如今,人类社会在不断发展与进步,与之同步增长的还有自然资源的消耗数量,这便使得自然资源的数量与日俱减,越来越匮乏。正是由于此种原因,人类对大自然的资源开发提出了更严苛的要求,这一做法也就会为自然资源领域的高新技术带来一场大革命。对于高新技术企业来说,自然资源环境对不同行业的创新活动的影响是不同的。比如在石油丰富的地区,石油提炼技术便比较发达与完善;在盛产粮食的地区,粮食加工方面的技术就会比较发达;而在盛产水果的地区,水果保鲜技术就会比其他领域更加发达与完善。

(3)人才的可获得性

高新技术企业人才的可获得性集中体现在专业技术人才的储备与流动上。一个具有长远发展目光格局的高新技术企业,都会努力做好人才储备工作,并促成适当的人才流动,这样才能够确保企业创新活动顺利进行下去,并获得最终的成功。高新技术企业获得专业人才的途径有两个,一个是对外积极引进,一个是对内教育培养。而吸引人才、留住人才的方式则是提高薪资待遇、完善管理制度、顺通晋升体制等。一般情况下,高新技术企业人才的整体素质越高,该公司所具备的创新能力也越强,研发的创新产品也会越来越多、越来越好;如果该公司人才的整体素质都很低,那么该公司也不会研发出太好的创新产品。

(4)科技资源的可获得性

在人类历史发展过程当中,每次具有划时代意义的重大科技发明,都能够带动多项高新技术创新活动。比如内燃机的发明带动了汽车、火车、飞机等多项高新技术创新活动;计算机的发明同样也带动了信息化技术、网络技术、电子通信技术等多项高新技术创新活动。因此,科技资源同样也是高新技术企业开展创新活动的一个重要推动力。高新技术企业科技资源的可获得性主要表现在两个方面:一个是企业所在区域的总体创新能力,另一个则是高新技术知识产权保护制度。

5. 科学技术能力

高新科学技术在很多领域都有非常重要的作用,它能够为创新产品建立一个完善的创新环境。在某种程度上说,一个创新产品的研发,一种创新活动的开展,实际上也就是高新技术的进步发展。高新技术企业可以利用自身的优势设计出一种先进的生产设备,帮助高新技术企业实现生产规模化。就目前情况来看,中国政府大力支持高新技术创新环境的形成,支持高新技术创新产品的研发,支持高新技术企业工作的开展。在很多高校内,高校科技园被陆续创建,这也为高新技术企业研发创新产品提供了很多的帮助。

6. 社会文化服务能力

社会文化指的是整体上的社会价值观,它能够对一切社会活动产生直接或间接的影响。高新技术企业的创新文化作为社会文化的一个构成部分,指的是在高新技术企业的发展历史当中,逐渐形成的一种对于创新有着高度追求的价值观念。在高新技术企业的发展能力当中,不可避免地会受到社会文化的影响,或起到推动作用,或产生阻碍影响。比如消费者对于购买正版高新技术产品的意愿、容忍高新技术创新活动失败的意识等,这些都会对高新技术企业创新活动产生直接的影响。社会主义思想文化指导着人们的思想,影响着人们的行为活动,是人类的社会价值观。

目前,我国按照国内发展实际情况,重点发展了六个大的高新技术企业群,分别是新材料产业、航空航天产业、计算机信息技术产业、新生物与医药技术产业、新能源产业以及海洋产业。在历经多年的发展之后,已经在一些重大关键技术领域当中实现了突破性发展,逐渐缩小了与发达国家的技术水平差距。比如在新生物技术产业当中,我国的杂交水稻技术已经取得世界先进水平;在生物转基因研究方面,能够独立完成国际人类基因计划,现代生物技术产品年销售额达到了上千亿元人民币;在航空航天技术产业当中,我国已经实现了单人、多人载人航天器的成功发射与回收;在计算机信息技术领域当中,我国已经拥有了具备自主知识产权的“曙光”系列计算机,其运算水平居于世界先列;在网络信息技术领域当中,先后出现了“百度”“腾讯”“阿里巴巴”“盛大”等多家具有国际竞争力的大型公司;在通信领域当中则成功开发了大型数字化程控交换机,从而实现了第三代移动通信技术的成功突破,并率先提出了“4G”通信概念,日后必然会在世界移动通信竞争领域当中居于优势地位。我国高新技术产业分布如图 2. 3 所示。

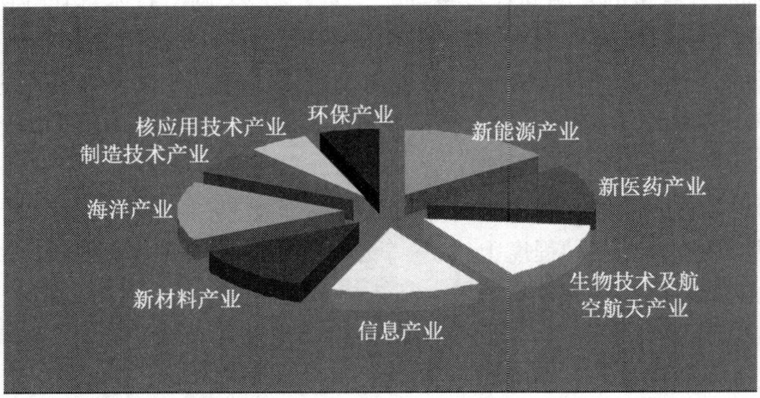

图 2.3　我国高新技术产业分布图

2.2.2.2　我国高新技术企业创新内部能力现状分析

创新环境与创新能力是相互区别又相互联系的两个概念,前者是外生的,后者是内生的。创新环境制约创新能力的发展,反过来,创新能力的提高又有利于创新环境的改善。本书是从对企业创新的影响角度出发来讨论创新能力的,因此,在高新技术企业开展创新活动过程当中,必然会受到内部能力的影响。可以说,企业创新的内部能力能够决定创新活动的发展方向以及速度水平。我国高新技术企业创新内部能力主要包括创新管理能力、资金投入能力、学习能力、营销能力和生产能力等。

1. 创新管理能力现状

R&D(研究与开发)作为企业创新的一个核心环节,其实际成果却并非是创新成功的关键影响要素。事实上,创新的实现会受到多个方面因素的影响,包括高新技术的可行性、产品潜在消费需求等。创新观念能够借助 R&D 活动实现成果转化与应用,确保创新活动可以落到实处。然而如果创新只是停留在观念上或成果上,未能转化为实际生产力,就不能算是真正的创新。对于高新技术企业来说,一次成功的创新可能是来源于相对应的 R&D 项目。但是,在很多时候,还会产生一系列失败的 R&D 项目,而且即使 R&D 项目成功,却也可能会在市场验证当中失败,最终只是停留在创新成果阶段,未能实现生产力的转化。这就需要对 R&D 项目实施有效的管理,在此称之为“创新管理”。科学完善的创新管理,能够为 R&D 项目实现生产力转化提供重要支持。

2. 资金投入能力现状

目前，在评价创新活动的过程当中，创新资金投入是一个重要的评价参量，能够对高新技术企业内部创新能力造成显著的影响。尤其是高新技术的发展必须有庞大的现金流的支持，想要做到自主研发，就必须保证雄厚的资金实力，一旦在研究过程中出现问题，那么前期研究将变得毫无任何意义。但是，一旦创新结果能够转化为产品，打开市场，那么资金的回流速度将非常迅速，投入产出比将超越大多数公司。能够进行相关研究的公司多半有大财团的支持，或者能够得到风投公司的注资。该类投资往往伴随着高失败率，大部分相应的研究都已失败告终，同时在这样复杂的投资现状下，还有大量商业欺诈行为，将本就不理想的投资环境搞得更加混乱，大大影响了各方面的投资兴趣。因此，完善投资环境，给予各个方面相应的信心就成了解决黑龙江高新技术发展资金缺失方面的重要解决方案。同时，完善相应的创新管理系统也是解决这一问题的重要思路。

3. 学习能力现状

美国经济学家蒂斯认为，管理的过程其实就是学习的过程。良好的学习能力，是企业保持竞争优势的一个必要手段。学习作为一个体验与反复的过程，能够使组织更具效率性，并有效地提高经济收益，同时还可以发现新的发展机遇。高新技术企业的学习能力，能够对员工的创新意识产生直接的影响。通过企业内部的学习，可以有效提升员工综合素质、强化研发人员的创新意识与能力以及完善整体的创新能力。

高新技术企业的创新活动并非是闭门造车，而是要保持高度的开放性，不断学习行业内新出现的高新技术，实时掌握市场供求信息，充分借鉴并吸收成功企业的先进管理经验，这样才能够更好地完成创新活动。良好的学习能力，是企业保持良好竞争力以及旺盛创造力的源泉。一个成功的高新技术企业，应该是学习型的组织，要求全部员工都积极投入到学习当中，提升自身的创新能力和业务素质，并尝试用所学到的知识去解决实际问题。在创新活动过程当中，需要重新组合已有的知识，在与外部能力的沟通与交流过程当中，实现知识的根本性突变，从而产生新的知识内容。同时，通过学习，还可以完善高新技术企业的内部创新能力，形成良好的创新氛围，促使创新活动能够更加顺利地开展下去。有专家认为管理的过程与学习的过程其实是等同的。一个公司应该具备良好的学习能力，这样才能够在公司与公司之间竞争时突出发挥自己的优势。

4. 营销能力现状

对于高新技术企业而言，开展一系列的创新活动是生存与发展的必要保障。然而在日趋激烈的市场竞争当中，生产出来的创新产品必须得到消费者的认可，才能够获得利润收益。也就是说，只有销售业绩良好的创新产品，才是真正成功的创新。这就需要高新技术企业不仅要具备产品创新能力,同时还要具备一定的创新产品营销能力。在高新技术企业创新内部能力当中,营销能力也是一个重要的因素。

一般而言,创新产品都是比较新颖的,甚至是前所未见的,而消费者对这种未见过的产品需要有一个从认知到最终接受的过程。在这个过程当中,高新技术企业应该明确自身推出的创新产品具备的优势与缺陷,并及时做出调整与完善,这样才能够更好地满足消费者的需求,获得其认同。针对高新技术产品做出的改进不仅包括功能上的改进,还应该包括产品生产工艺上的改进,以降低生产成本,形成价格优势,这样才能在激烈的市场竞争当中保持优势地位。在对创新产品进行市场营销的过程当中,要立足于市场需求,提升产品质量,树立起良好的产品品牌形象;同时,高新技术企业还要建立起完善的市场营销渠道,不断尝试使用新的营销手段与方法,通过良好的开拓能力去抢占市场份额,最终将创新产品转化为利润收益,然后再开展新一轮的创新活动。

5. 生产能力现状

由高新技术企业推出的创新产品,必然会经过生产阶段才能够面向消费市场。所以,在高新技术企业创新活动的内部能力当中,生产现状也是一个重要的因素。高新技术企业的生产活动并非是孤立存在的,而是要在已有生产技术基础之上来完成。产品所属的产业类型当中,生产组织管理技术、基础设备技术,以及运输物流技术都能够对生产现状产生直接影响。比如一套先进的生产装备就可以使高新技术企业用较少的投入,实现规模化生产,最终实现真正成功的创新,获得理想的利润收益,推动企业快速发展下去。

当前阶段,我国在高新技术企业的发展过程当中已经投入了大量的社会资源,在组织管理、资金投入、生产工艺等方面的能力有了大幅提升。在 2008 年世界金融危机的影响之下,国际高新技术企业发展出现了较多的不确定因素,发展速度呈现出疲软的态势。但是即使是在这种整体不佳的大背景之下,我国高新技术企业还是取得了一定的发展成就,势头喜人。在 2008 年,我国高新技术企业创造的工业总产值已经超过了 2 万亿元人民币,最近十年的年均增幅达到了 20% 以上;高新技术创新产品出口数额已经接近上千亿美元,同比增幅达到了 46%,占全国贸易出口总额的五分之一。在 2009 年发布的《洛桑报告》当中提到:2008 年中国高新技术产品出口数额位居世界第六位。总体而言,当前我国高新技术企业发展状况良好,已经初具规模化效应,增长速度迅猛,能够在国家工业化转型过程当中发挥出越来越大的作用,尤其是对于制造业结构调整,更是做出了巨大的贡献,目前已经是我国制造业发展当中的支柱性产业。我国 2004—2011 年进出口额走势如图 2.4 所示。

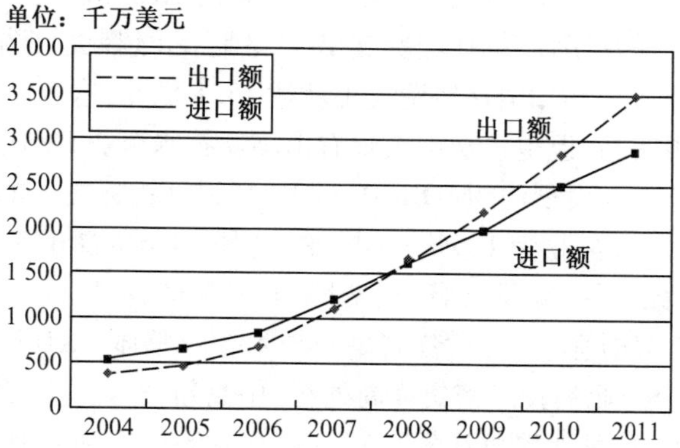

图 2.4　我国 2004—2011 年进出口额走势图

2.3　黑龙江高新技术企业创新能力现状

2.3.1　黑龙江高新技术企业创新能力现状

近几年来，黑龙江省积极推行“科教兴省”战略，高新技术企业发展取得显著效果。“十一五”以来，黑龙江高新技术企业发展势头强劲，先进装备制造、生物工程、电子信息、新材料、航空航天和精细化加工等方面的技术企业发展较快，以其为龙头的产业带动力得到进一步的加强。

2004 年，哈尔滨和大庆的高新区在黑龙江高新技术企业产值中的占比已达到 60%，成为了支撑黑龙江高新技术企业的中流砥柱。黑龙江省委、省政府对黑龙江高新技术企业的发展非常重视，扶持力度不断提高，制定了相关的优惠政策，安排了相关的配套专项资金。高新技术企业的壮大和快速发展，要归功于改革开放的大趋势、大能力。就近几年来说，黑龙江省制定的政府规章、地方性法规及规范性、政策性文件多达 50 余部，初步完善了黑龙江省地方性法规体系，促进了黑龙江省科研体系的改革深化及秩序的规范。

到目前为止，黑龙江省高等院校共有 61 所，其中本科院校 26 所。高新技术企业 1 000 余家，研究队伍具有巨大的创新能力，但却存在科技成果转化与科技资源不相匹配，成果与市场不相关联的问题。

2007 年，黑龙江高新技术企业产值达到 1 348 亿元，连续几年实现年均 27% 的增幅，2011 年产值接近 5 000 亿元的目标。推动高新技术企业发展这项任务本身已经超出了单纯的科技研发，更应该说是一项经济工作。

黑龙江省高新技术企业的快速发展是以较高的 R&D(研究与开发)经费支持的。例如 2004 年,黑龙江省 R&D 经费支出 33.3 亿元(《黑龙江省统计年鉴》),据高新技术企业统计,产业内 R&D 经费支出就达 15.1 亿元,这两个数据虽因统计部门各异而不具逻辑关系,但也可从中大致看出高新技术企业 R&D 支出占全省的比重。按世界经济合作与发展组织(OECD)的 R&D 强度指标之一即 R&D 经费/工业产值来比较,高新技术企业为 1.5%,比黑龙江省的 0.6% 高出 1.5 倍。综合两项直接 R&D 强度指标(另一项是 R&D 经费/工业增加值,黑龙江省高新技术企业为 6.9%),考虑间接 R&D 强度,黑龙江省高新技术企业整体 R&D 强度超过 7%。在 OECD 标准中,整个产业的技术密集度尚处在“中高新技术产业”范围内。

从经济效益上看,虽然黑龙江省高新技术企业的产值利税率要远低于黑龙江省工业的产值利税率(其原因是黑龙江省工业经济的支柱——石油开采业的高利税所致,例如:2008 年,黑龙江省工业实现利税总额 1 092.2 亿元,其中石油与天然气开采业为 869.8 亿元,占 79.6%,产值利税率高达 85.9%),但是高新技术企业对制造业的比较优势还是明显的。从 2001 年到 2004 年,高新技术企业的产值利税率平均要比制造业高出 4.6%。从整体看,全省高新技术企业的发展是比较健康的,是可持续的。但是,全省高新技术企业发展中还有这样一些现象或问题应当引起各方面的高度重视:一是产业的内源性经济特点突出,外资和中外合资企业很少,国内企业比例过高,影响资金与技术的密集,进而制约产业结构的高度化;二是高新技术行业集中度最高的医药制造业、通用设备制造业、交通运输设备制造业三个行业的工业总产值和工业增加值分别占整个高新技术企业的 62.7% 和 49.1%,除医药制造中的生物制药以外,都不是世界上高新技术引领性的“朝阳产业”;三是经济效益不高,距离高新技术企业产值利润率一般应超过 20% 的目标,还有明显的距离;四是与制造业的比较优势有弱化的迹象,在工业增加值率上出现高新技术企业低于制造业的现象。

黑龙江高新技术企业产值 2010 年的初步统计数据为 1 801.1 亿元,2011 年为 2 027.6 亿元。这一规模与国内各省、市(自治区)相比,规模究竟是怎样的呢? 一个地区的高新技术企业规模在一定的技术状态下,一般要受该地区的工业总规模、工业产业结构、制造业规模等能力的制约。在各省、市(自治区)之间简单地比较高新技术企业的产值、增加值的绝对数(即绝对规模)的方法,难以得出科学合理的结论,而剔除上述能力的相对规模的比较则更加可靠。为了增强可比性,现将黑龙江省与“中部地区”可以收集到相关数据的 6 个省份和“东部地区”的辽宁省中进行比较与分析。

2.3.1.1　高新技术企业在全省工业中所占比重情况

从 7 省高新技术企业产值(采用 2010 年数据)排名和工业总产值排名相差无几的现象(表 2.1)可知,高新技术企业规模与工业总规模有较高的正相关关系,即高新技术企业规模要受工业总规模的限制。在表 2.1 中,按高新技术企业产值的绝对数排序,黑龙江省处在第 5 位,而在“高新技术企业产值/工业总产值”的排序中,黑龙江省很快升到第 3 位,与第 2 位的辽宁省已相当接近。这就表明黑龙江高新技术企业的相对规模是比较大的。

表 2.1　7 省(中部 6 省、辽宁省)高新技术企业产值、全省工业产值的比较

省份	高新技术企业		全省工业		高新技术企业总产值占全省工业总产值的比例	
	总产值/亿元	排序	总产值/亿元	排序	比值	排序
河南	2 800.0	2	8 305.0	2	24.6%	6
湖南	2 244.0	4	4 506.1	5	35.5%	1
湖北	2 290.6	3	5 960.3	3	26.1%	4
江西	1 316.1	7	3 212.0	7	14.3%	7
安徽	1 928.0	6	3 659.6	4	25.4%	5
辽宁	3 645.1	1	9 603.9	1	30.7%	2
黑龙江	2 027.6	5	4 464.0	6	29.7%	3

2.3.1.2　高新技术企业规模在工业结构下的情况

黑龙江省工业内三大产业,采矿业产值 2 164.0 亿元,占总量的 33.6 %;制造业产值 3 022.9 亿元,占总量的 58.4%;电、气、水业产值 277.1 亿元,占总量的 8.0%。工业内这种结构比例在国内是独特的、少有的。采矿业的比重如此之大,在一个地区一定的工业化程度下,必然影响制造业的发展空间。从 7 省采矿业、制造业分别在整个工业中所占比重的比较来看,在采矿业产值/工业总产值的排序中,黑龙江省以 33.6% 的高比重排在第 1 位,除河南省为 10.6% 外,其他各省的采矿业所占比重都在 10% 以内。在采矿业增加值/工业增加值的排序中,黑龙江省以 62.4% 排在第 1 位,河南省以 14.7% 排在第 2 位,比黑龙江省少 47.7 个百分点。再看制造业产值/工业部值的排序和制造业增加值/工业增加值的排序,黑龙江省都以非常明显的差值垫底,比值分别为 58.4% 和 30.4%。综上所述,黑龙江省在工业总规模排名靠后(7省比较仅高于江西,排在第6位),在庞大的采矿业(主要承担为国家提供原油的工业使命)制约制造业规模的情况下,高新技术企业绝对规模偏小的状况是不可避免的。由于高新技术企业发源于制造业,黑龙江省在制造业规模(在7省中)垫底的不利条件下,高新技术企业产值/工业总产值仍能位列第3位,且紧靠第2位的辽宁省。由此可见,黑龙江高新技术企业规模相对现在的工业结构而言,已经具有一定的规模。

2.3.1.3 高新技术企业产值、增加值现状

由于高新技术企业几乎都在制造业内,因此,高新技术企业产值占制造业产值、高新技术企业增加值占制造业增加值这两项指标,就成为衡量高新技术企业发展状况的重要指标。国际上也通常用高新技术占制造业的份额来衡量高新技术产业的发展水平。在7省比较中(表2.3),黑龙江省在高新技术企业产值/制造业产值的排序中列第一,为44.2%;在高新技术企业增加值/制造业增加值的排序中也列第一,比值高达50.8%。这两个数据进一步证明,黑龙江高新技术企业的相对规模已经相当大了。

表2.3 7省高新技术企业产值、增加值占制造业产值、增加值的比重与排序

省份	高新技术企业产值占制造业产值的比重	排序	高新技术企业增加值占制造业增加值的比重	排序
河南	29.4%	4	41.3%	2
湖南	40.1%	2	38.5%	3
湖北	26.8%	5	37.0%	4
江西	22.4%	7	16.9%	7
安徽	25.3%	6	27.9%	5
辽宁	36.0%	3	27.9%	5
黑龙江	50.8%	1	44.2%	1

2.3.2 黑龙江高新技术企业创新的有利因素

2.3.2.1 中国资本市场正逐步完善

亚洲国家科技落后的原因是基础薄弱,但更深层次的原因在于没有形成一套支持高新技术企业发展的有效金融体系。随着我国改革开放和对发展高新技术企业规律认识的逐渐深入,金融体系正走向完善,适合高新技术企业发展的资本市场

也在逐步完善。目前,我国科学技术的发展比不上西方国家,究其原因可能是因为我国高新技术企业起步比较晚,并且没有一套完整的金融体系来扶持。随着我国的科技发展,人们越来越认可高精尖技术,落后的金融体系也在不断地完善中,资本市场也在不断地发展与进步。

1. 创业板块已经推出

中国证券监督委员会发布报告指出:创业板块主要面向服务创新型企业开放,尤其是那些具有区域特色的高新技术企业;那些采取新型经济发展模式的企业也可以被归入到创新型企业当中,同样可以获得创业板的支持。相关统计数据表明,在创业板正式设立之后,使得目前中国本土创投群体处于空前活跃的格局。根据相关报告表明:创业板块的推出主要是为了吸引更多具有区域特色的高新技术企业的到来,为服务创新型公司提供更多的机遇;有些公司采纳新型经济发展模式,这些公司也可以获得创业板的支持,也算是创新型公司。此后,中国地创新群体的发展也呈现出上升的趋势。

2. 私募股权投资飞速发展

中国清华科技研究中心对外发布的研究数字结果表明,当前阶段中国是亚洲最具活力的私募股权投资市场。2010 年,私募股权投资机构在中国产生了 185 个投资案例,而参与私募股权活动的金融机构也已经超过了 100 家,整体投资规模更是高达上百亿美元。2010 年中国市场私募股权投资金额已经占到了世界总数的 1.6%。有关数据表明,中国大陆市场的原有私募股权基金比较活跃,而且还有更多的新型外资机构参与到了中国大陆地区私募股权活动当中;同时,中国本土的私募股权投资机构也已经逐渐发展起来,能够和外资私募股权基金开展广泛的竞争与合作,共同促进中国大陆地区私募股权市场的快速发展。

3. 风险投资高速增长

根据中国风险投资研究机构的相关调查表明,截至 2009 年末,中国大陆市场中的风险投资机构所管理的风险资本已经达到了 1 200 亿元人民币,和 2008 年末相比,已经在风险资本总量上增长了两倍。在 2009 年全年当中,中国大陆市场一共有 109 家风险投资机构开展了一系列的扩充资本活动,同时还积极募集新的风险投资基金,新筹集风险投资基金总额达到了 893 亿元人民币,这个数字是 2006 年的四倍。在实际投资总额上,2009 年是 400 亿元人民币,和 2008 年相比增长了将近 2.5 倍;2009 年风险投资项目总数为 741 个项目,比 2008 年增长了两倍。同时,中国大陆市场上的风险投资主体呈现出了明显的民营化发展趋势,政府已经逐步开始由直接投资者转化成间接投资者与管理者,比如从 2009 年开始,国家财政部、科技部,以及各级地方政府纷纷设立风险投资引导基金,吸引更多的资本进入到风险投资行业当中,同时还给这些风险投资做出方向上的调整与引导。

2.3.2.2 资本向农业和原材料领域等基础产业回流

在2009年末,中国股票市场当中的农业板块突然一路走强,这使得资本不得不对于农业板块领域的投资价值作出重新的审视。根据浙江省温州市工商部门所发布的统计报告显示,2009年温州市平均每天新成立8家私营农业企业。截至2009年末,温州市投资农业的私营企业已经超过了2 000家,投资总额也达到了70亿元人民币。温州商人作为拥有最灵敏商业嗅觉的商人群体,终于开始将投资注意力放到了农业上,而且还覆盖了农业产业当中的多个领域,包括养殖业、农产品加工业、农产品仓储业、农产品运输业等。应该说,之所以农业板块会突然一路走强,原因就在于全球农产品价格呈现出上涨趋势。在2009年全年,国际期货市场上的小麦、大豆、玉米价格各自上涨了81%、64%和33%。根据德国DWS以及瑞士信贷银行发布的数据表明,在未来几年当中,中国国内市场上的农副产品价格会有所提升。所以,中国的农业将会是一个新的国际投资热点所在。而多家世界知名投资公司进军中国农业市场,也很好地认证了这一点。比如法国的里昂银行及美国摩根士丹利等投资机构都已相继投入巨资投资或参股中国的农业龙头企业。

黑龙江省是一个农业和资源大省,在大豆、水稻、畜牧、乳品等方面具有优势,但产业苦于资金瓶颈的约束,产业化和市场化程度低,抗风险能力差。资本向农业和原材料等基础产业流动,可以有助于黑龙江省引进资金,做强、做大农业等基础产业,特别是有利于农业高新技术企业的发展。同时,黑龙江省在大力培养科技创新主体以及成果转化主体的过程当中,还重点提出了产业项目建设年专题,重点建设了三十个具有自主知识产权的科技创新项目;将生物产业项目作为关键发展部分,显著提高了生物产业的业务收入水平;提出了技术创新企业培养计划,建设完成了多个制造业信息化工程,针对传统制造产业开展了升级调整工作,确保黑龙江省内的高新技术支付产业能够在服务化与绿色化的基础上,走上世界舞台,参与广泛的国际竞争与合作;在2009年发布了《黑龙江省知识产权战略纲要》,加大了对高新技术企业自主知识产权的保护力度,有效激励了高新技术企业开展科技创新活动;重点兴建了多个高新技术企业集聚区以及高新技术开发区,加大了对专利优势型企业的扶持力度,开展了一系列的试点建设工作,目前已经逐渐拓展到全省范围内;提出了推进科技成果转化的发展计划,极大地推动了科技优势最终转化成产业优势;提高了科技创新人才的薪资待遇水平,并鼓励科技人员与企业开展合作交流活动;集中选择了50项发展成熟的先进科技创新成果在全省范围内推广,并建成了创新成果应用示范基地,为科技创新成果的产业化提供了示范与支持;改革与完善了政策体制,大力推动产学研的密切结合,并组织成立了产业技术创新发展联盟。

2.3.2.3　实施对外科技合作计划，开展科学技术引进与招商工作

黑龙江省积极实施了多项对外科技合作发展计划，目前已经引进了多项国外先进科技创新成果，购置了一批最新型的科学技术基础设备，使得省内整体科技水平和设备水平得到了显著的提高；引进了一批创新型的科技人才，形成了一支富有活力、高水平的专业技术人才队伍；积极引进了多家国外科技研发机构落户在黑龙江省，在几个重点发展项目产业上，和俄罗斯科学院下设分院开展了广泛的合作与交流，充分吸收了俄罗斯最新的科技创新技术；大力支持科技惠民的民生工程建设工作，为县域经济发展提供政策支持与资金投入，组织开展一系列的农业发展科技攻关项目，并取得了显著的创新成果。

2.3.3　黑龙江高新技术企业创新的不利因素

2008 年美国次级贷款危机爆发，我国为控制过度流动性、抑制经济过热和限制过度投资，转向从紧的货币政策。中央政府在经济政策上面临政府与市场、中央与地方、国内与国际等多重博弈的考量，给宏观经济能力带来很大的不确定性。经济层面上的不稳定因素给黑龙江省发展高新技术企业带来很大挑战。同时，国家提出建设创新型国家的战略目标，对科技工作和创新投入不断加大，高新技术企业的融资渠道不断增加，农产品和原材料价格上涨使国际资本向基础产业流动等，又给黑龙江省加快发展高新技术企业带来新的机遇。

2.3.3.1　宏观方面存在信贷紧缩与产能过剩情况

从 2009 年起中国经济继续保持高速运行，外汇储备达到 15 000 亿美元，银行信贷和固定资产投资大大超过因内生产总值（GDP）的增长速度，全年居民消费价格指数（CPI）同比增长达到 4.8%。为控制宏观经济走向过热，央行连续 11 次加息，存款准备金率提高到 17.5%。2011 年，黑龙江高新技术企业产值已经超过了 4 000亿元人民币。在 2012 年，黑龙江省的科技战线开始在多个方面共同发力，为重点科技产业的创新工作提供政策与资金上的支持。

根据高盛、雷曼兄弟等国际投行最新预测，由于美国经济的走弱和人民币的升值影响，中国产能过剩的风险随时可能暴露。目前，中国积累的巨大产能需要靠外需来消化吸收，而出口的减弱将导致存货增加，迫使企业大幅降价，并影响企业盈利水平。装备制造业在黑龙江高新技术企业中占有很大比重，其融资渠道以商业银行为主。紧缩信贷和产能过剩等宏观经济趋势反映在黑龙江高新技术企业中，会面对贷款难度加大、工业订单减少等对发展不利的情况。经历了几次经济危机的考验，我国经济依然保持着稳定快速发展的势头，整体经济增长率始终保持在

10%左右,外汇储备已经超过1.5万亿美元,位居世界第一。如此庞大的外汇储备直接决定了我国抵抗经济危机的能力,也决定了我国经济的发展态势不会像20世纪80年代的日本一样出现经济硬着陆,大量的经济泡沫破碎,各种资本大量流出,导致整个国家经济迅速崩盘的状况。

目前,黑龙江省整体发展资金不足,很多具有发展潜力的公司无法得到相应的贷款。因此,关闭一些制度差、技术差、低产能的小手工作坊是缓解黑龙江省资金不足的一个方法。此外,政府应加大整改力度,给更多投资者以信心,为黑龙江省经济的发展注入一剂强心剂,这样能吸引更多的民间资本和风投公司的关注。

2.3.3.2 微观方面存在来自其他北方省份的竞争

资本是发展产业的最重要的资源,自然受到全国各个省份的追逐。黑龙江省也面临其他北方省份对资本的竞争。近年来,内蒙古自治区经济发展很快,主要得益于几家大型企业,如伊利、蒙牛等的成长,这些企业都是在资本市场成功募集后得以快速发展的,伊利在A股市场上市,蒙牛更是与美国投行摩根士丹利合作,在香港成功上市融资。吉林省在招商引资方面也做了大量工作,在近两年中的引进外资速度和企业经济实力速度上都位居全国前列。黑龙江省必须发挥自身优势,扬长避短,才能在这场竞争中胜出。对于高新技术的发展来说,资金是整个发展的整体保障,一旦没有了资金的支持,那么所有的相关研究都必须中止。但是资金的总量是有限的,谁能争取更多的科研资金,谁就能有更多的发展机会。

2.3.3.3 增长模式方面高新技术企业内生型增长空间有限

在2011年黑龙江省总收入10亿元以上的高新技术企业名单中,包含中石油大庆炼化分公司、哈尔滨电站集团、第一重型集团等大型企业。而这些大型企业受国家宏观政策影响,以及企业本身的规模限制,今后实现产值的高速增长困难很大,而黑龙江省的新生高新技术企业在短时间内又难以成长为巨人,这样高新技术企业的内生型增长空间十分有限,需要借助外生型增长模式,即通过招商引企,吸引产业资本到黑龙江省落户,才能确保黑龙江高新技术企业产值增长目标的实现。因此,科技招商工作势在必行,而且大有可为。

近年来,黑龙江省着力提高了高科技园区的产业集聚水平,重点做好了“一带两区四基地”的基础设施建设工作,哈尔滨、大庆、齐齐哈尔高新技术企业开发带当中的高新技术总产值年增幅达到33%;已经建设完成了哈尔滨科技创新城的核心建设工作,第一批数十家科研单位以及高新技术企业在2011年9月入驻其中,将会成为未来我国的“北方智谷”;积极推动大学科技园的建设工作,发布了《黑龙江省大学生科技创业实施方案》,目的就是要通过科技创新来促进创新型产业的发展；制订了技术创新服务平台计划方案，以此作为科技园区创新发展的重要平台载体；要求各个高等院校、科研单位、创新实验室以及工程技术中心等都需要依托科技园区内的高新技术企业群实施创新活动；已经建设成功了四通八达的科技成果展示网络，能够为交易与交流提供支持。黑龙江省高新科技行业增长率如图 2.5 所示。

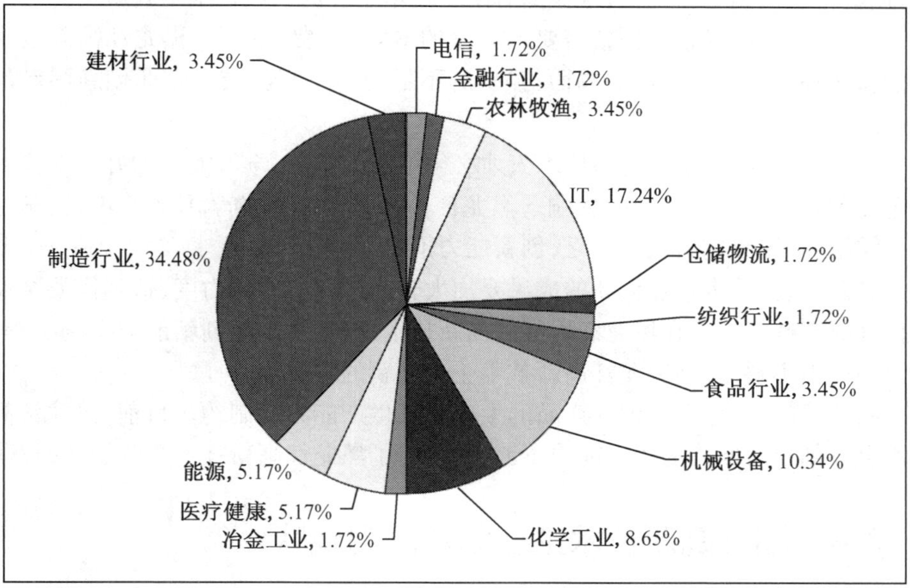

图 2.5　黑龙江省高新科技行业增长率示意图

2.3.4　黑龙江高新技术企业创新能力存在的问题

2.3.4.1　黑龙江高新技术企业创新外部能力存在的问题

其一，黑龙江省经济发展水平相对落后，企业面临的宏观经济能力，如财政、税收、金融等方面有待于改革和完善，就目前来看还难以满足黑龙江高新技术企业创新的发展要求。

其二，高新技术企业创新需要有完善的法律政策保障。黑龙江省的法律法规还不够健全，政策还不够完善，这在某种程度上会制约高新技术创新的发展。

其三，高新技术企业创新需要有完善的市场机制。目前，黑龙江省的供求、价格、竞争、风险等要素之间的相互联系还不是很强，作用机理还不是十分通畅，这些都会阻碍黑龙江高新技术企业创新的发展。

其四，科学技术能力方面存在社会科技水平低、社会科技力量不是十分强大、国家科技体制存在弊端、国家科技政策不完善、科技立法不发达等问题。

2.3.4.2 黑龙江高新技术企业创新内部能力存在的问题

其一，黑龙江高新技术企业的创新管理方法不够先进、创新管理制度不够健全、创新管理机制不够完善，这些都对高新技术企业的创新带来不利影响。

其二，高新技术企业创新需要入大量的 R&D 经费。目前，黑龙江高新技术企业创新面临经费难以保障的局面，经费的不足妨碍了高新技术企业创新活动的顺利开展。

其三，高新技术企业创新要求人才必须不断的学习，学习能力的好坏对高新技术企业创新能力有着直接的影响。黑龙江高新技术企业的学习能力不足，学习氛围不够浓厚，导致创新人才缺乏，创新能力不足。

其四，高新技术企业创新的成果要加大其推广和宣传的力度，这就需要企业具备良好的营销能力。在黑龙江省很多高新技术企业中，虽然创新能力得到了提高，但营销能力不够，影响黑龙江高新技术企业创新的发展。

其五，高新技术企业创新产品的生产受其生产能力的制约。目前，黑龙江高新技术企业创新所面临的生产能力不够，这阻碍了黑龙江高新技术企业创新的发展。

2.4 国外高新技术企业创新能力现状

2.4.1 美国高新技术企业创新能力分析

美国作为最早开始重视本国高新技术企业创新的国家，在第二次世界大战结束之后的几十年时间里，一直主导着全球高科技的发展方向。20 世纪六七十年代，美国与西方资本主义国家之间的竞争日趋激烈。在这种背景之下，美国将高新技术的发展置于突出位置，并逐渐上升到了战略高度。根据相关资料结果表明，世界范围内的重大科技发明有 60% 以上是来自于美国，有 70% 以上是美国最早投入生产实践的。

美国虽然只有数百年的历史，但是其发展态势和发展思路却始终走在世界前列。究其原因：一是美国的发展得益于第二次世界大战时期美国不是主战场，其各项实力都有所保留。二是作为战胜国，美国获取了其他国家的许多研究资料；三是美国因为没有受到破坏，大量的专家学者前往美国从事相应的科研技术研究；四是美国的华尔街作为世界金融领域最专业、最富有的领域，始终为美国的高新技术发展提供资金和相应的管理经验，这就促使了其高新技术的快速发展，从而让华尔街的投资者们获得了更多的回报，也提升了华尔街投资者的信心和投资兴趣，这样的良性循环就保证了美国高新技术的飞速发展。

美国历任总统都高度重视高新技术的创新发展，陆续出台了多项政策、制度和法律法规来推动高新技术企业发展。在肯尼迪总统任职期间，明确提出政府需要为高新技术创新发展提供直接支持，发挥积极作用。于是，美国政府投资建成了集产学研于一体的高新技术企业创新服务站，为高新技术企业和科研单位之间的合作与交流提供了平台；在尼克松总统任职期间，提出政府要以高新技术创新政策为调控工具，在政府采购当中优先选择高新技术产品，同时还对高新技术研究开发作出了税收方面的优惠，使得美国政府能够在高新技术创新当中发挥出重要的影响作用；在卡特总统任职期间，美国政府进一步完善了高新技术创新政策，丰富了高新技术创新的推动手段，其中就包括有1979年提出的《国家高新技术创新法》，使得政府促进高新技术企业创新发展行为有了法律依据；在里根总统任职期间，政府开始加大对于基础科学研究的资金扶持力度，给高新技术企业创新活动提供了良好的创新能力，还出台了《高新技术扩散法》，积极鼓励政府下设的科研实验室及其他研究机构向高新技术企业扩散最新技术成果，从而使得高新技术能够较快地实现产业化；在老布什总统任职期间，美国政府开始大力推动风险资本进入高新技术领域，同时还制定了一系列的税收优惠政策来鼓励企业开展技术创新活动。

美国高新技术企业发展的黄金时期就是20世纪80年代里根总统执政期间，当时美国提出了“星球大战”计划，涌现出大量高新技术发展成果，使美国牢牢确立了全球科技霸主的地位。在这一时期，美国兴建了一批以“128”公路以及洛杉矶硅谷为代表的高新技术园区，鼓励那些具有创业意识的工程师和科学家走出实验室，投入到广阔的高新技术产业市场当中，将自己的科技成果转化为生产力，实现美国高新技术的产业化、国际化与产品化，其高新技术产品在国际市场当中占据着较大的份额。而到了20世纪80年代末、90年代初，西欧、日本等新兴工业国家在高新技术产业发展方面后劲十足，在某些领域当中已经能够和美国一争高下，使得美国在高新技术领域当中的霸主地位受到了严重的挑战，具体表现就是美国高新技术产品在全球市场当中的占有率有所下滑。美国近50年高新技术产品国际市场占有率如图2.6所示。

在这种严峻的挑战之下，美国产生了严重的危机感，于是美国政府和高新技术企业采取了一系列的行动，确立了高新技术创新的发展方向，以积极的姿态来应对西欧、日本等国家和地区的挑战。美国政府采取的措施有政府推动和扶持、促成高新技术转移以及推行新“工业化政策”等。

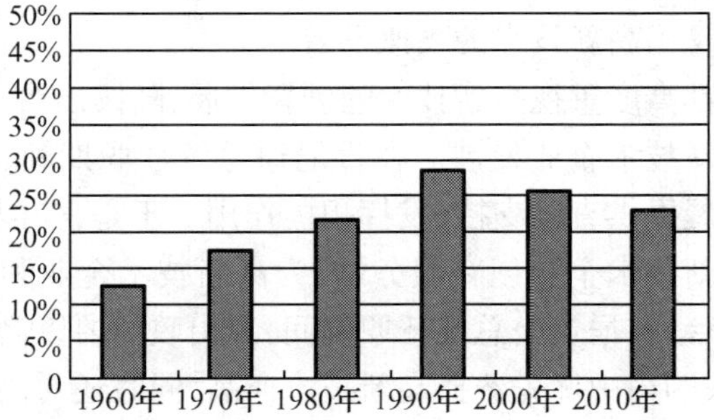

图 2.6 美国近 50 年高新技术产品国际市场占有率示意图

2.4.1.1 政府的推动和扶持

在美国联邦法律当中明确规定,美国各级政府都不允许建立任何形式的企业,为的就是要确保企业平等竞争。美国政府也不能指定任何的产业倾斜政策,更不能直接干预高新技术企业的运作。但是,美国政府可以借助签署科研合同、采购合同等方式,间接地推动和扶持高新技术企业的发展。美国政府为了促进优势公司、优质公司的发展,采用政府采购的方式对其进行帮助。美国政府坚决不吹黑哨,给予每个公司以相同的制度保障,给予公司分级补贴,公司的分级情况完全由相关咨询公司来进行测评,各司其职,达到了有机的结合,从而在整体层面上促进了高新技术以及经济的发展。

2.4.1.2 促进高新技术转移

高新技术转移指的就是将基础科学研究成果、军事技术等转化成民用技术。在 20 世纪 80 年代末,虽然美国的高新技术发展水平非常高,但是其转移速度却远低于德国、日本等国家,尤其是美国有相当部分的高新技术都是集中在军事领域当中,未能应用到民间。于是,美国为了加快高新技术转移速度,制定了下列措施:由政府出面解决高新技术转移研究机构数量过少、经费不足等方面的问题;由政府出面联系科研组织和公司,为其相应的合作构建出一个完善的平台;由政府出面解决资金问题,组建专门的融资平台来解决资金缺乏的问题;由政府为相应的中介式服务类公司和高新技术企业与科研机构进行沟通,同时给予相应的咨询公司以相应的技术和政策,让整个系统链变得更加优质。

2.4.1.3 大力推行“新工业化政策”

美国为继续保持在高新技术领域当中的优势竞争力,从 20 世纪 80 年代末期开始强化高新技术产业竞争力,并且提出了“重建强大美国”的发展目标,认为要将重要高新技术研究置于发展的优先地位。在老布什总统任职期间,美国政府更是开始大力推行“新工业化政策”,重点开发那些能够确保美国国家安全以及国际竞争力的高新技术产业项目。美国一直以来非常明确自己的战略规划,认为现阶段的发展目标就应该是重建强大美国,而这一政策的实施核心就是依靠高新技术。为此,先后几任美国总统都将完成工业技术革新,让高新技术进入每一个公司作为自己的奋斗目标。通过这种方式来增强美国的各项竞争实力以保证其在世界的绝对主导位置。

20世纪80年代,风险投资公司对于高新技术投资并没有多大兴趣,而民间资本对于此更是没有了解,因此资金的缺口必须想办法弥补。在这样的状态下,美国政府作出了相应的反应,他们首先让更多的投资公司注意到高新技术项目,然后以相应的成功案例为饵,让大量的投资公司进入。获得成果的公司越来越多,投资公司收到的回报也越来越高,同时相关的管理经验也越来越丰富,这就吸引了更多资金的涌入,整个高新技术发展呈现出良性循环,越来越完善。

2.4.1.4 大力发展风险投资

高新技术产品创新属于高风险、高投入、高回报的产业项目。而风险投资作为一种相对灵活的投资机制,能够有效推动金融与科技之间的相互融合。据此,美国政府从20世纪90年代开始大力发展风险投资,并将其引入高新技术企业创新领域当中。

2.4.1.5 促进高新技术开发的国际化合作

伴随着世界经济的快速发展,国家之间的合作关系日趋成熟稳定,而高新技术开发活动本身的投资风险和开发难度都比较大,某些时候单靠一个国家的力量难以顺利实现。在这种情况下,美国政府开始促进高新技术开发的国际化合作,使其风险共担、成果共享。随着科技不断进步,世界地域性概念被逐渐模糊,各国与各国之间的联系被无限度放大,原本分散的市场被网络整合成了一个大的市场。但是,这种全世界范围内的竞争,也让市场开始变得无法被估量。因此,想要竞争就不得不合作,因为在这样的环境下,只有不断扩大规模,组成产业链,组成公司联盟才能让自身的发展更加迅猛。这种合作不再集中在国内,国际间的合作越来越多,而美国政府对此采用了大力支持的态度,他们认为,堵不如疏,迫使本国相关产业进行合作并不一定能取得很大的效益,还不如主动为国际化合作提供相应的平台,让合作更加细致,创新速度更快,这样的结果甚至比政府的预期还要好。而相关事实也说明了在高新技术创新方面,合作带来的效益要远远大于竞争。

2.4.1.6 推行网络系统软件的标准化

20 世纪 90 年代,美国制订了"信息高速公路"计划,将计算机网络信息发展确定为国家长远规划目标,并上升到战略部署的高度。在网络系统软件发展的影响之下,联邦政府开始推行网络系统软件标准化,将全世界大部分国家或地区的网络系统软件都纳入到美国网络信息发展规划框架当中。美国将高新技术发展和互联网的发展有机地结合在一起,拟定了"信息高速公路"这一战略规划,他们认为个人电脑和网络的普及将改变整个人类的生活方式,而其中所蕴含的价值将远远超过历史上所有时期的价值总和。

2.4.2 日本高新技术企业创新能力分析

第二次世界大战结束之后,日本作为战败国,工业经济体系受到重创。在这种情况下,为快速恢复与重建工业经济体系,日本确立了吸收型的贸易加工发展战略,大力引进美国的成熟技术,同时还在应用过程当中予以改良。而在高新技术自主研发方面,日本政府则是制定了鼓励折旧以及税收优惠的政策措施,以推动企业开展技术创新活动,最终使得企业成为高新技术发展的中坚。在 20 世纪 70 年代,日本在高新技术研发当中,企业承担了 65% 以上的经费支出;而反过来,这些高新技术又被充分应用到了企业发展当中,使得日本高新技术发展速度迅猛,仅仅用了二十几年的时间就已经逐渐拉近了与欧美之间的差距。日本作为太平洋上的岛国,其资源的缺失导致其发展必须依赖进口。在明治维新之后,日本通过掠夺的方式获得了大批资源和殖民地,在尝到侵略的甜头之后,日本将贪婪的目光到了整个世界。为此,日本联合其他法西斯国家对全世界进行了入侵,最终演变成了第二次世界大战。战争的结果出乎日本的预料,在拼尽一切资源以后,日本的失败不只是体现在战争的结果方面,而是体现在各个方面。首先,日本的重工业为了应对战争时期的需求,全部转化成了军需品制造,可以说当时的日本是没有重工业的,同时大量的劳动力都被征调到了前线,导致整个日本劳动力缺失,各个行业停滞不前,整体发展陷入瘫痪的状态。但是日本并没有放弃,反而借美国对其管制这一条件,成为美国的代工厂而达到自己科研进步的目的。日本将大量的资金都放在高新技术的发展上,从美国购买大量的先进技术进行研究,进行自主创新,对现有的技术加以改良。当时的日本上下齐心,政策给予高新技术创新最大限度的支持,降低税率,给予补贴,提供技术。而当时的日本国民不计劳动力成本,均付出了加倍的劳动。日本上下一心,以高新技术为核心走出了一条以加工为主要方式的发展道路,最终获得了经济的腾飞。仅仅三十年左右的发展时间,日本就成为了当时世界的第二大经济体,相应技术已经具备赶英超美的潜力,高新技术创新产品的竞争力更是直逼美国。为此美国才采用政策,让日本经济快速产生泡沫,让大量资金流入房地产行业,最终当房地产行业经济泡沫破碎的时候,日本经济也就走向了衰落。近50年,日本的高新技术产品在国际市场当中的占有率逐年攀升,如图2.7所示。

但是,由于日本过度强调高新技术的尖端应用,忽视了基础科技的研究,使得日本的高新技术在发展到一定阶段之后遇到了瓶颈。于是,一些有危机感的日本人意识到:在科技信息时代,若一个民族只懂得应用知识,而不去创造知识,就会逐渐落后于世界的发展脚步。在此之后,日本政府逐渐加大对高新技术科研经费的投入力度,同时还有针对性地调整科研机构的内部结构,高度重视基础科技的研究。

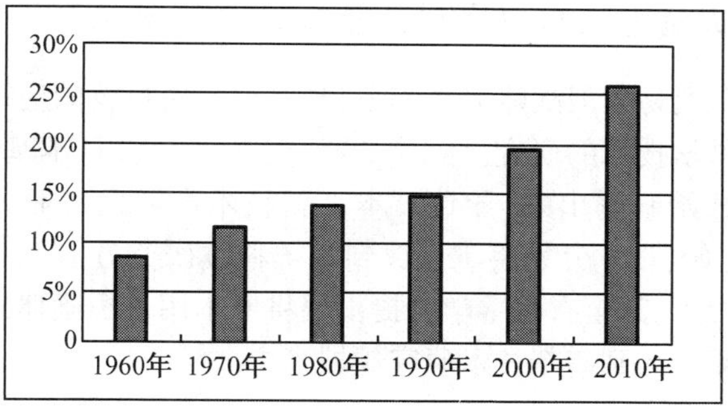

图2.7　日本近50年高新技术产品国际市场占有率示意图

2.4.2.1　科技立国

在第二次世界大战之后,在吸收型加工贸易战略方针的指导之下,日本开始大量引进与改革欧美的科技创新成果,这使得日本能够用较少的支出换取较快的经济发展速度。到了20世纪70年代,日本与西方发达先进工业国家之间的鸿沟已经逐渐抹平。但是,这种吸收型的贸易加工经济发展方式,由于没有自主知识产权,最终必然会出现发展瓶颈,同时也不适应日趋激烈的国际竞争能力以及日新月异的高新科技发展速度。于是,从20世纪80年代开始,日本开始高度重视高新科学技术的自主创新,加大了基础科技的研究资金投入力度,确定了"科技立国"的发展战略。经过数十年的发展,目前日本在高新科学技术领域当中已经居于世界前列,成为拉动日本经济发展的主体力量。日本经济发展的思路就是以加工业为主,将高新技术加工作为其立国之本。日本通过引进西方先进技术,借助美国的力量及其相关的革新成果,逐渐开辟出自己在市场上的道路,加之日本在战前科研水平已经较高,因此日本的发展速度其实是很快的。

2.4.2.2 扶持高新技术企业

当日本进入到了科研技术的最前端，不能再通过对别国的借鉴而进行发展的时候，日本高新技术的发展速度就很明显地降了下来。日本政府也没有放任这种情况的蔓延，而是马上采用了政策扶植，优化市场环境，给予更多外资考察的机会，组建了完善的科研机构，为其提供技术保障，同时重视教育事业，让高新技术发展的后备力量非常强大。这样完善的相关体制最终让日本高新技术承受住了市场的考验，也承受住了时间的考验，为整个日本的未来发展提供了思路，也给整个世界提供了非常优秀的实际案例。

2.4.2.3 从偏重应用研究到注重基础科技研究

在吸收型加工贸易发展战略的影响下，日本对高新科技的应用研究比较重视，却忽略了对基础科学技术的研究。到了20世纪80年代，日本基础科技研究环节薄弱的负面影响开始暴露出来，导致日本高新技术产业发展后劲不足。于是，从20世纪80年代开始，日本开始将重点放到基础科技研究方面，加大了对高新企业的创新研究资金投入，甚至有日本学者提出要将原本用于桥梁建筑、道路维修等基础设施建设的国债投入到高新技术研究领域当中。

2.4.2.4 开展体制改革

为贯彻落实“科技立国”的战略发展方针，日本政府还主导了一系列的体制改革。一是科研体制改革，改组科研机构的内部组织结构，为那些具有良好创新能力的研究人员有机会开展自主研究创造空间，并加大了对政府科研经费的投入力度，逐步提高了政府承担整体高新科学技术研究经费的比例。二是教育体制改革，大力建设高等院校基础科技学科，形成有利于培养创新人才的教育能力，并促使高校与高新技术企业之间开展广泛而密切的合作与交流。三是政府体制的变革。日本整体发展速度得益于其体制的整体变革，日本的体制改革是自上而下的，也是非常有效的。在科研体制上，政府逐渐退出主导位置，转向由市场来决定发展的方向。但政府并不是退出整个科研领域，只是将其工作重心放在了整体营运环境的改造和相关政策的出台上，因为他们明白如何才能让自己的体制消除冗杂。政府的作用并不是去制造什么，而是应该为创新提供一个好的环境，而且也不应该是去改变市场，而是提供一个更健全的市场。四是教育制度的变革。在教育制度上，日本更是做到了极致。日本认识到青少年决定了日本发展的未来，因此将大量的经费投入到基础教育上，为学生提供最优质的师资力量，同时也为学生提供最健康的食品以保证学生的健康。日本政府对高等教育机构提供政策扶植，给优质学生提供相应的奖助学金，让学生没有后顾之忧地进行学习，为学校和公司提供交流就业平台，保证了整体的有机统一性。

2.4.2.5　挑战美国

虽然日本在高新技术领域已经位居世界前列，但是从整体来看，日本与美国之间还是存在着一定的差距。于是，日本为进一步加快本国高新技术发展速度，将“挑战美国”作为目标，将发展重点放到了世界尖端技术上，包括新材料技术、电子信息技术、海洋开发技术以及新能源技术等。目前，在这些高尖端的技术领域当中，日本确实已经有了挑战美国的实力。

2.4.3　欧洲高新技术企业创新能力分析

欧洲具有悠久的工业经济发展传统，然而在第二次世界大战结束之后，欧洲在已经落后于美国的情况下，还不得不面临着日本、韩国等亚洲新兴工业国家的挑战。在这种背景下，欧洲各国开始加快调整高新技术创新的速度，采取一系列的政策措施来推动本国高新技术企业的发展。欧洲的历史起源较早，近现代的工业开端也是欧洲，在大航海时代开启以后，欧洲国家不断通过掠夺完成原始积累为工业时代的到来积累了大量的资本，工业时代相关技术的积累也让欧洲的科技发展十分迅速。

2.4.3.1　制订高新科技发展的中长期计划

在 20 世纪 80 年代，欧洲国家的高新科技发展水平已经被日本所追平，其高新技术产品在国际市场当中所占份额逐渐降低。在这种情况下，欧盟制订了第四个高新科技研究与发展的长期框架计划，目的就是要贯彻落实“科技进步、优先生产”的战略发展方针，将重点放到了具有重大社会效益和经济效益的科研项目当中，这就意味着第四个框架计划属于长期发展规划。随后，欧盟又制订了第五个高新科技研究和发展的中期框架计划，提出要在生态与生命科学、信息技术科学等方面开展创新研究工作，并积极促成欧盟各国之间的高新技术研究分工与合作，加快高新技术研究成果转化速度。从 1980 年起，以德国为首的传统欧洲强国因为内耗而无力完成高新技术发展，最终的结果就是这些国家的优势逐渐消失，最终反而被日本等新晋经济体所赶超。但之后，当时的欧盟没有坐以待毙，而是主动出击，规划未来的发展方向，力求从实用的角度出发，大力发展科学技术，同时将科技产物转化为相应的产品 ，从而达到科技实际价值最大化的目的。在随后欧洲各国的进一步合作中，又增加了在生态学、信息技术等众多领域的合作规划，最终给欧盟的整体发展提供了强劲的动力。

2.4.3.2 政府逐步加大对高新科技发展的投入力度

为加快欧洲高新技术发展速度,以应对日本所带来的严峻挑战,欧盟各国政府开始逐步加大对高新科技发展的投入力度,政府在高新科技研究的经费投入所占比例有所上升。

2.4.3.3 加强高新科技国际之间的沟通与合作

欧盟在高新科技发展过程当中,不仅进一步加强了各国之间的分工与合作,同时还加强了与美国、日本、俄罗斯等国之间的沟通与合作,其推出的"尤里卡"计划,就有包括美日俄在内的25个国家参与其中,使得欧盟各国能够广泛吸收其他国家的高新技术研究成果,也令其高新技术产品的国际市场占有率有所提高,欧盟近50年高新技术产品国际市场占有率如图2.8所示。

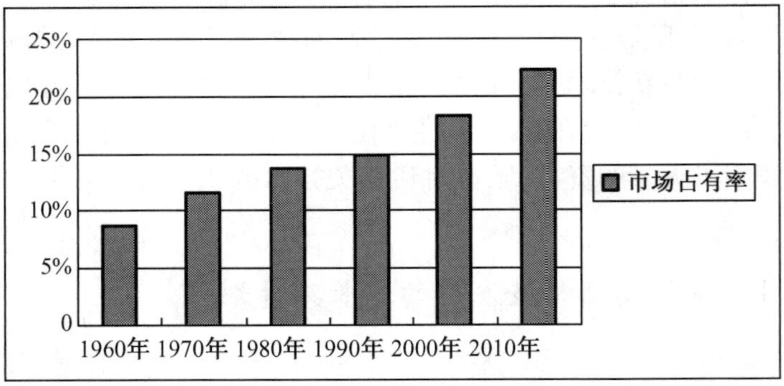

图2.8 欧盟近50年高新技术产品国际市场占有率示意图

在综合了美国、日本、欧洲等发达国家和地区的高新科技发展成功经验之后能够看出,上述国家和地区在高新技术企业发展模式上,是存在一定差异的,具体的发展模式主要有三种:第一种为美国模式,具体是借助市场机制来完成高新技术的创新发展,而政府则是采取宏观调控的手段,给高新技术企业创造良好的发展环境;第二种为日本模式,具体是政府直接介入到高新技术企业创新发展过程当中,通过政府加大对高新技术企业创新扶持力度的方式,完成本国高新技术的创新发展;第三种为欧洲模式,应该是介于美国与日本的发展模式之间,其不仅有市场机制,还有政府的介入,具体是政府通过制订一系列的高新科技发展框架规划,来协调管理高新科技发展创新活动。

2.4.4　发展中国家高新技术企业创新能力分析

进入21世纪以来,高新技术企业已经成为国际经济与科学技术发展的主体。在这种总体发展趋势之下,机遇和挑战是共同存在的。但由于发达国家的经济实力较强,高新技术储备较好,因此在总体竞争上占据着优势地位。而反观发展中国家,由于经济实力较弱,高新技术储备不足,所面临着的挑战较为严峻。

目前,全球一共有134个发展中国家,土地面积占到了全球总面积的68%左右,而人口数量更是占到了全球总人口的80%左右。发展中国家虽然经济实力较弱,但是在自然资源与人力资源方面却有着明显优势,是国际经济市场当中一支潜在的重要力量,有着充足的发展后劲。

在发展中国家当中,几个新兴工业国家的人均GDP已经逐渐接近发达国家的人均GDP水平,甚至有几个石油输出国的人均GDP已经超过了发达国家的人均GDP水平。但从整体来看,发展中国家在高新科技方面还是远远落后于发达国家,在很多高新技术领域当中都严重依赖于发达国家,成为了发达国家高新科技发展的“血汗工厂”。最近几年以来,发展中国家的高新技术整体发展水平不仅没有追赶上发达国家,甚至还呈现出差距拉大的趋势。

在高新科技创新成果上,发展中国家的专利注册数量只占到全球总数的1%。那些能够影响到世界未来发展走向的信息资源,更是几乎都是被发达国家控制掌握,而发展中国家只能依附于发达国家才能够开展高新科技的创新发展活动,却没有实力去广泛参与国际高新科技产业的市场竞争。

总而言之,发展中国家与发达国家在高新科技发展水平上呈现出越来越大的差距,给我们的启示就是:在全球范围内出现的高新技术发展浪潮当中,发展中国家如果未能做出有效的应对,就会失去赶超发达国家的机会,甚至会面临着越来越宽的鸿沟。这就需要广大发展中国家从本国国情角度出发,确定科学的战略发展目标与方针,大力支持本国的高新技术企业开展高新技术创新活动。

2.5　国内外高新技术企业创新能力经验与启示

发达国家高新技术企业已经走向成熟,在研究了美国、日本以及欧洲的高新技术企业发展经验之后,结合我国高新技术企业创新能力,可以得出以下一些启示。

2.5.1　要将推动高新技术企业发展置于战略高度

目前,在黑龙江省发展高新技术企业过程当中,要将推动高新技术企业发展置于战略高度上,明确其发展重点,定位未来的发展方向,并做好基础研究工作,重点选择一批具有战略意义的新兴高新技术产业作为重点扶持对象；同时，还要牢牢把握发展机遇，积极主动地和国家整体发展战略相对接，用自身的发展优势去争取让国家将重大高新技术创新发展平台落户于黑龙江省内；要深入了解市场需求变化情况，借助市场化机制来开展高新技术项目选择以及研发资金投入；要贯彻落实重大高新技术项目创新发展工作，明确各级政府在项目当中的职责，争取实现全方位的突破；要做好科技型中小企业的资金投入问题，尤其是要为处于初期成长阶段的科技型中小企业解决融资方面的问题，大力完善政府服务机制，扶持中小企业广泛参与到高新技术研发领域当中，利用其机制灵活、具有良好创新意识的特征，推动全省高新技术企业的创新发展；针对具有一定规模的高新技术企业，做好战略性重组工作，使其成为高新技术发展领域当中的龙头企业，形成明显的市场竞争优势，能够对整个高新技术产业化发展起到引领作用；要做好政策扶持工作，以加快高新技术成果的转化速度，实现生产应用方面的创新发展；同时，在推进高新技术企业化的过程当中，还要注重市场化的运作，以满足市场需求为目标，重点扶持一些已经具备市场化运作基础的高新技术企业；在重点项目聚焦方面做好工作，通过管理方法以及体制改革方面的创新，来进一步推动高新技术企业走上快速发展道路。

2.5.2 要大力加强投融资体制改革

2.5.2.1 融资方面

从国际经验来讲，正确的筹资方式和筹资模式可以为高新技术企业的发展起到推动作用，每个国家的企业筹资模式都是立足于本国市场能力的。目前，发达国家高新技术企业融资途径主要有两个：一个是由政府引导，通过一些中介机构来为高新技术企业筹措到创新资金，代表国家就是日本；另一个则是在市场机制运作下形成的自发性融资，代表国家就是美国。通常而言，在高新技术企业发展起步阶段，既不应该完全靠市场引导，也不应该完全靠市场机制运作，而是要两者结合，寻找到一个中间平衡点。同时还要注重制定与完善投资与融资体系框架，使高新技术企业能够通过融资获得足够的创新研发经费。目前，美国高新技术企业融资来源并非是银行贷款，而是证券金融市场。资金供给方与需求方的关系是相对松散的，合作时间不长，所以投资方对于高新技术企业的控制能力就不会很强，这就使得高新技术能够摆脱束缚，轻装前进。同时，美国政府还鼓励储户把存款以长期资本或者是风险资本的形式，融入到高新技术产业发展领域当中，然后通过一系列的规章制度推动高新技术在证券市场当中开展融资活动，从而有效降低了融资成本，拓宽了融资渠道。通过对现有案例的分析，我们可以发现科研的进步必然是资金推动的，尤其是高新技术的发展资金缺口更为巨大。因此，寻找资金的模式方法就显得非常重要。每个国家的资金获取方式大同小异,虽然都是结合本国实际情况的产物,但是资金大部分还是集中在固定的人群手里,比如财团、民间资本等方式。现阶段,完善的中介机构能为资金的筹措提供非常好的平台,同时根据各个公司的实际情况进行评级,等级越高越容易得到资本的进入,而资本进入之后,公司进一步发展,等级又会提升。这样的中介机构就促使公司必须转变到长期发展的方向上来,否则很多公司只是追求短期利润,将给相应的投资公司带来极大的危险。

2.5.2.2　投资方面

高新技术产业作为一种高投入、高风险、高回报的产业类型,在发展过程当中必然会需要有风险资本的投资支持。在高新技术产业的发展过程当中,不同阶段会有不同的投资特征。比如在高新技术产品的研发与试制阶段,因为结果存在较大的不确定性,一些投资主体往往会拒绝将资金投入到该阶段当中,所以高新技术企业在这一阶段很难从银行获得贷款。于是,风险投资也就成为了一个重要投资主体。

OECD 对于风险投资作出的定义为:给主要从事高新科技研发与生产的企业提供的、带有一定风险的资本投入。而 NVCA 对于风险投资作出的定义为:职业金融家给那些新出现的、具有良好竞争力的中小型企业提供的股权资本。而我国金融研究界对于风险投资作出的定义为:为了获取高收益而将资本投入到具有高风险的同时也具有高回报的高新科技研究项目当中的商业行为。

高新技术企业的发展与风险投资之间是共同发展,相互促进,相辅相成的关系。一方面风险投资为高新技术产业的发展提供必要的资金,另一方面高新技术产业为风险投资提供巨大的市场。

事实上,投资于高新科技创新项目当中的资本,一般成功率只有不到 10%,由此可见其风险性之高。但是一旦成功,就可以平均获得 1 200% 的收益回报。但是银行贷款一般只会贷给那些风险较低的企业,只要收回本息即可,并不会刻意追求高回报。因此,高新科技创新项目很难从银行那里获得贷款,只能转而寻求风险投资的支持。风险投资主要是在高新技术企业发展的早期以及开发研究完成的末期进行投资的,对高新技术企业经济效益的获得、产业化发展等都具有不可忽视的重要作用。

目前来看,美国的风险投资管理制度是最先进的。从某种意义上来说,美国的高新技术企业其实就是高新技术人才和风险投资的结合体。只要高新技术企业能够研发具有潜力的创新产品,就可以拉到风险投资,获得初期的启动资金。一般在高新技术企业成立初期,由于要开展高新技术产品项目研发工作,所需的资金缺口较大,同时自身又不具备资产抵押条件,所以难以获得银行贷款。而风险投资则不需要抵押担保，只要认定该创新项目有良好发展前景即可，从而有效满足了高新技术企业初期发展阶段的资本需求。根据美国风险投资信息公司发布的报告结果显示，在2007年当年，美国一共有240家新公司在获得了风险投资支持之后得以上市，同时还刷新了成功融资200亿美元的新纪录。由此可见，风险投资在美国高新技术企业发展过程当中所起到的重要影响。

截至2011年底，美国一共有超过4 000家的风险投资公司，在2011年就给1万多个高新技术产业项目提供资金投入方面的支持，总投资规模已经超过了600亿美元。美国的风险投资机制之所以会如此完善，联邦政府可谓是功不可没，具体表现为：首先，美国政府陆续出台了一系列的风险投资保障法律法规，包括《中小企业法案》《小企业创新发展法》以及其他修订过的法律法规。其次，美国政府成立了中小企业管理局，主要是给中小型企业提供风险投资的信息引导服务，提高中小型企业获得风险投资的能力。再次，美国政府制定并实施了一系列的税收优惠政策措施，以推动风险投资公司的发展。最后，美国政府逐渐完善了证券市场的交易与推出机制，使得风险投资的收益回报趋于稳定。

日本在风险投资市场机制方面也取得了较大的成功，使得高新技术型的中小企业能够获得充裕的创新资本支持。1983年，日本政府在东京、神户、名古屋等城市设立了"第二股票市场"，允许那些税前利润超过4%的高新技术企业进入证券市场。在此之后，日本政府又陆续成立了多个创业投资市场，使风险投资市场逐渐趋于完善，而且整体规模也越来越大，能够给高新技术企业发展提供资金支持。

2.5.3　要开展广泛的国际合作与交流

当前阶段，黑龙江高新技术企业发展面临着一些新的挑战，需要选择一个新战略起点，这就需要黑龙江省制订并实施高新技术企业中长期发展计划，开展广泛的国际合作与交流，在发展方式、观念以及思路上都做出一系列的调整。在发展方式上，要转变传统的跟踪模仿的发展方式，做好自主创新研发工作；在发展观念上，要以重大高新技术产业项目为中心，做好集成管理工作；在发展思路上，要从以高新技术产品研发为主，转变为科技创新和产品普及应用齐头并进；还要开展广泛的国际合作与交流，鼓励省内高新技术企业主动走出去，参与国际市场的竞争，在竞争当中求生存、求发展。

2.5.4　要抓好高新技术人才队伍建设

人才作为高新技术企业发展的重要战略资源，能够对高新技术企业的竞争起到主导性的影响作用。这主要表现在以下两点：一是高新科技人才作为产品创新研究的主体，能够在产品创新以及应用过程当中发挥出关键的作用，因此，高新技术企业要将人才置于和资金、资源同等重要的地位上;二是人才能够对高新技术成果转化产生重要的影响作用。所以,高新技术企业要做好人才队伍建设工作,构建合理的用人机制,积极引进并培养专业化的高素质人才,鼓励人才进行合理的流动,这样才能够充分发挥出人才在高新技术企业创新发展过程当中所起到的积极作用。发达国家高新技术企业发展过程当中,对于人才使用主要采取了以下几点做法:

2.5.4.1　鼓励高新技术人才自己创办企业

发达国家政府积极鼓励并支持科研单位以及高等院校中的高新技术人才主动走出大门,自己创办高新技术企业。在这个过程当中,政府会在资金、政策、税收等方面给予这些高新技术人才充分的支持。比如美国,就有大量的工程师、科学家投身于硅谷,用自己的高新技术创造经济效益。事实上,美国很多高新技术企业的老板都是技术人才出身,包括微软公司的比尔 · 盖茨、苹果公司的乔布斯、脸谱公司的马克·扎克伯格等。

2.5.4.2　推动多种形式的合作研究

发达国家政府积极推动科研机构、高校等与企业开展多种形式的合作研究,其中包括委托研究、双方合作研究等形式。所谓的委托研究,指的就是高新技术企业委托科研机构或高校开展高新技术项目的研究攻关,企业在付出研究经费之后可以享用高新科技的研究成果;而双方合作研究则是科研机构或高校与高新技术企业就某一高新科技产品项目开展合作攻关,风险共担,成果共享。相关科研组织、高等教育组织等相关机构中高新技术人才不占少数,他们所能带来的能量往往是人们难以估量的,但是一个人的力量再大终究有限,很多大的科研项目想依靠个人完成是完全不可能的,因此如何将各个机构有机地结合起来就成了保证黑龙江高新技术发展的核心部分。同时,高新技术企业中,高等技术工人的相关实践基础是任何一个理论性人才都无法相比的。如何加强科研组织、高等教育组织以及公司的合作就要通过政府进行衔接。政府必须组建相应的沟通平台,让三者有机地结合起来。只有让科研组织提供的理论知识在公司生产实际活动中被验证,从而达到创新的产品化;让高等教育机构培育的专业性人才不断地补充到科研组织中;让公司的相关的优质项目提供给科研机构,同时将资金注入到研发机构,才能达到在政府的统一领导下,三方面有机地结合在一起,风险共担,资源共享。

2.5.4.3　实施流动的人才分配

发达国家政府鼓励科研机构或高校当中的高新技术人才担任高新技术企业的

顾问,或者是利用假期时间到企业中兼职研发岗位。这样就可以在不影响科研机构以及高校开展科研工作的前提下,满足高新技术企业的人才需求,实现了人才的优化配置与充分利用。

美国的高新科技人才数量较多,美国高新技术企业之所以能够取得较快的发展速度,很重要的原因就是由于充足的人才支持。目前,美国从事高新技术项目开发的工程师和科学家已经超过了 150 万人。美国将高新技术企业人才视为战略性资源,是引领国际高新科技发展的重要保障。美国不仅大力培养本土高新技术人才,同时还在全球范围内引进其他国家的高新技术人才,通过提升薪酬待遇和个人发展空间等方面,为人才营造良好的发展能力。在 2007 年美国获得博士学位的人员当中,有四分之一是外国国籍;获得硕士学位的人员当中,有五分之一是外国国籍。美国的硅谷更是被全世界从事信息技术的研究工作者视为“圣地”。

日本政府一直都高度重视教育事业,其高等教育发展程度极高,全国有百分之三十的人口接受过高等教育培养。同时,日本政府为满足高新技术企业的人才需求,还采取了下列措施:一是鼓励高新技术企业从国外招聘高新技术人才;二是派遣本土留学生到美国、欧洲等地开展技术学习;三是成立高新技术人才培训中心,定期为高新技术企业的人员提供教育培训。

2.6 本章小结

本章首先从高新技术企业创新能力的含义和特征出发,进而对我国高新技术企业创新能力的现状进行分析;在此基础上,从黑龙江高新技术企业创新能力的现状、黑龙江高新技术企业创新能力面临的有利条件、不利条件等方面对黑龙江高新技术企业创新能力进行分析;同时,对黑龙江高新技术企业创新能力存在的问题进行研究;最后,对国外典型国家高新技术企业创新能力的发展现状进行分析,并从中得到借鉴和启示。

第3章　黑龙江高新技术企业创新能力影响因素及仿真

3.1　黑龙江高新技术企业创新能力影响因素界定和类型划分

创新能力作为一个和主体相对应的客体,其包括的主要内容需要由主体来决定。基于广义而言,高新技术企业创业能力应该是能够对高新技术创新活动造成直接影响的所有客体因素,其中就包括内部因素与外部因素两种。内部因素是高新技术企业创新的原始动力,而外部因素则是高新技术创新的主要依托。内部因素和外部因素相互协调、相互制约,共同构成了高新技术企业的创新能力。

本书认为,高新技术企业创新能力影响的内部因素主要有创新管理因素、R&D投入因素、学习能力因素、营销能力因素、生产能力因素等五个方面的因素;外部影响因素主要包括宏观经济实力因素、资源因素、法律政策因素、市场因素、科学技术因素、社会文化服务因素等六个方面的因素(如图3.1所示)。

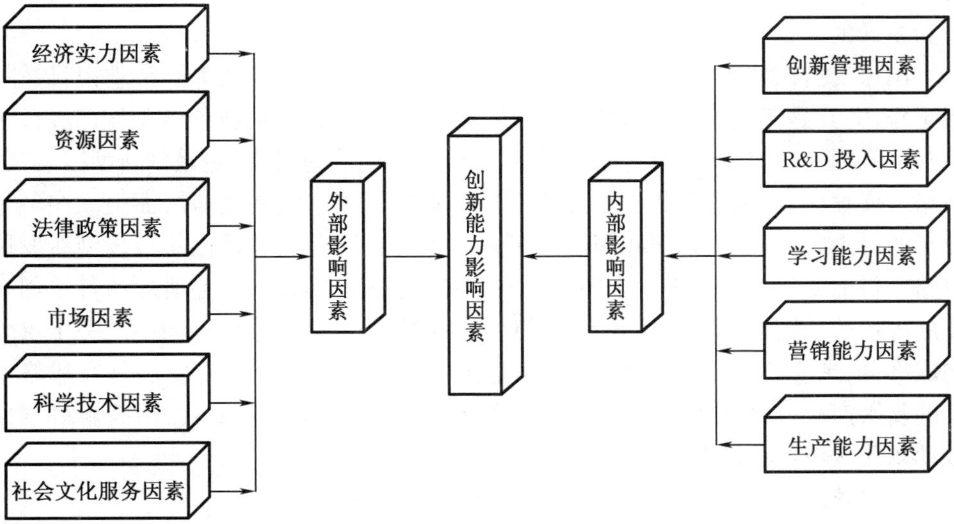

图3.1　高新技术企业创新影响能力框图

3.2 黑龙江高新技术企业创新能力影响因素分析

黑龙江高新技术企业在技术、人才素质、吸引国际国内资金,以及市场开发等方面都存在着明显的竞争劣势,但是在学习能力、工业制造、劳动力成本等方面则有着一定的竞争优势。因此,黑龙江高新技术企业要做的就是充分发挥自身的优势,并主动学习东南沿海经济发达省市的发展经验,优化资源配置,整合人才框架,以逐渐缩小差距。具体做法有:一是在高新技术发展程度较好的省市地区成立外驻的科技研发机构,吸纳当地的高新技术人才为己所用;二是要加大对于本省发展状况较好的高新技术企业的政策支持,提升其市场竞争力;三是进一步扩大售后服务能力良好的高新技术企业的品牌效应,获得客户资产,赢得顾客的信赖,创造出高新技术企业优质的产品品牌。

3.2.1 黑龙江高新技术企业创新外部能力分析

3.2.1.1 黑龙江高新技术企业创新能力外部机遇分析

1. 高新技术企业快速发展的带动作用

当今世界,科技发展日新月异,已经进入到了知识经济时代。具体表现就是科技转化为生产力的时间大幅缩短,产业化发展趋势明显。同时,科技研发和经济发展之间的关系也是非常密切。可以说,未来的世界竞争应该是以经济为主体,以科技为主导的竞争。

国家支持东北老工业基地振兴政策力度加大,党和政府也都非常重视科技创新工作,尤其是伴随着社会主义科学发展观的贯彻与落实,科技创新工作已经被正式提上日程。在2006年召开的全国科技会议上,明确提出要“建设创新型国家”的战略发展目标,这标志着我国已经将科技创新置于国家发展战略层面上。在经过数年的努力发展之后,目前我国已经探索出了一条富有中国特色的科技创新发展道路。目前要做的就是进一步突出科技创新的战略目标,制定各项推动科技创新发展进步的政策措施。东北老工业基地是我国经济战略发展格局当中的一个重要构成部分,理应肩负起建设“科技创新型国家”的历史重任,大力发展具有战略意义的新兴产业,加快传统产业升级改造的速度,转变经济增长方式,用高新科技来推动东北区域经济发展。

2. 黑龙江省确立了“十二五”高新技术企业发展战略地位

“十二五”时期,黑龙江省肩负着加快转变经济发展方式,深入开展“八大经济区”和“十大工程”建设的艰巨任务,因此加快培育和发展黑龙江高新技术企业,对保证全省“十二五”规划纲要顺利实施，推进黑龙江省经济更好更快发展具有重要战略意义。

3. 具有较多的大学和科研院所

为了大力支持高新技术企业集群的发展，黑龙江省陆续启动了多项高新技术企业项目建设工作，选择了一部分具有战略意义的高新技术作为重点支持对象，并联合高等院校、科研机构等共同建设了高新科技实验室、工程技术研究中心等。同时，黑龙江省内的高新技术创新服务体系也已经初步建立起来，现已有 40 家科技企业孵化器，能够为高新企业创业提供支持；全省建成了 93 个高新科技成果转化中心，能够为科研单位的高新科技成果转化为生产力提供引导与帮助。目前，以三省（黑龙江省、吉林省、辽宁省）四市（哈尔滨市、长春市、沈阳市、大连市）为依托的东北创新技术转化联盟也正式在黑龙江省落户。2008 年，黑龙江省建成了国家科技图书文献中心哈尔滨镜像站，能够为高新科技创新提供文献资料方面的支持。在黑龙江省高新科技发展过程当中，还大力开展国际沟通与合作，构建了对俄高新科技合作体系，同时还在牡丹江市设立了“国际科技合作试点”，广泛开展高新科技的国际竞争与合作。在 2009 年，黑龙江省所投入的对俄高新技术研究合作专项资金已经超过了 5 000 万元人民币，吸引和吸收了多项俄罗斯先进科学技术、设备以及生产工艺等。截至 2011 年底，黑龙江省已经先后引进高新科技开发项目 226 项，其中有 40 项为国家级高新科技开发项目，而且已经有包括“水陆两栖轻型飞机”在内的 26 个高新科技项目完成了成果应用转化。

4. 建设哈大齐高新技术企业带

黑龙江省构建“哈大齐工业走廊”的战略发展目标，初步完成了全省区域经济发展整体布局，形成了“哈大齐高新技术企业带”，能够对区域内的高新技术企业创造良好的发展能力。目前，黑龙江省政府已经在哈尔滨、大庆、齐齐哈尔三个重要的装备制造业城市规划并开发面积为 921 平方千米，总投资 270 亿元的“哈大齐工业走廊”，将重点培育和发展多个特色产业集群项目，包括石油化工、生物制药、物流运输、船舶制造以及食品加工等。

3.2.1.2　黑龙江高新技术企业创新外部挑战分析

1. 国内外高新技术企业之间的竞争加剧

在高新技术产业的国际市场当中，美国、日本、欧洲各显其能，印度、巴西等发展中国家也是你追我赶，竞争已经趋于白热化。美国在 21 世纪初期就制定了一个国民生产总值超过 10 万亿美元战略发展目标，而在布什上台之后，更是在“打造创业政府”和“加大高科技风险投资力度”的决策基础之上，提出要重点发展军民两用的高新科技产业，实现高新科技从军事国防到民间应用的转化，目的就是要巩固其世界高新科技产业霸主地位,应对日本、欧洲高新科技崛起带来的挑战。事实上,在美苏冷战结束之后,美国就一直想要建立一个以美国为绝对主导的单极化世界格局。日本在20世纪70年代实现了经济发展的腾飞,成为世界第二大经济体,其发展战略也相应地从"贸易立国"转变为"产业立国",着力将本国打造成为"世界产品供应基地"。但是从20世纪90年代开始,日本国内经济发展出现停滞,劳动力成本升高,已经失去了产品制造的成本优势。于是,在这种背景之下,日本开始提出"科技立国",重点发展高新技术产业,以摆脱劳动力成本升高带来的不利影响。欧洲各国则是继续推进区域经济一体化,重点发展高新技术企业,在高新科技产品的国际市场当中,和美国、日本三足鼎立,开展了激烈的市场竞争。

2. 投融资体系不健全

从当前看,尽管多元化格局的投资与融资形态遍布黑龙江省各地,但是国有的经济体制依旧占据黑龙江经济的主导地位。国有经济体制在投资方面所占的比例极高,几乎遍布于各行各业。有资料表明,2010年,在黑龙江省所有投资中,国有投资所占比例超过了一半。国有经济体不仅没有在激烈的竞争中被淘汰,反而在一些如电力、金融以及能源等领域中继续保持着地位。工、建、农、中四大银行作为黑龙江省国有经济体的主要投资代表机构,尽管它们在其相关的公司融资中所处的份额在近些年有所降低,但依旧保持在60%左右的比例。而通常情况下,中小型公司才是最需要得到银行融资的支持的群体。正是因为当前黑龙江省内的相关投融资体制未达到健全标准,致使其许多高新技术公司未能解决资金获取的难题,长此以往,将十分不利于黑龙江省高新技术公司的发展与创新。

3. 知识产权立法保护与监督力度不足

知识产权是一个国家综合竞争实力的直接表现。目前发达国家都会基于多个角度出发,对知识产权作出全面的保护,同时还会充分利用自身先进知识产权的优势,通过制定各项技术标准的手段,提升创新产品的市场准入门槛,从而达到技术垄断的目的,最终从发展中国家赚取高额的利润收益,这其实就是一种技术掠夺。目前,黑龙江省的知识产权立法保护与监督力度存在一定的不足,未能给知识产权保护创造良好的法律保障,这已经严重影响到了高新技术的创新活动。

3.2.2 黑龙江高新技术企业创新内部能力分析

3.2.2.1 黑龙江高新技术企业创新能力内部优势分析

1. 黑龙江省具有综合的工业体系、完备的基础设施

黑龙江省地理位置得天独厚,具有一定的优势,作为与多国接壤的东北亚地区的连接口岸,能够从各国学习到许多先进有效的经验。此外,在能源与资源方面,

黑龙江省的木材、矿产以及野生动植物等各类资源的储藏量较大。黑龙江省的建设体系较为健全，水陆空立体交通运输体系已经初步形成，很大程度上方便了市场交易的有序进行。黑龙江省的国际航班路线十分便捷，能够与近一百多个城市进行连接，其相关的通信技术手段十分全面，世界各地均有业务网点分布。

2. 黑龙江高新技术企业科技创新能力正在增强，工业水平较高，对于高新技术产品具有较强的需求

在我国的火电和水电市场中，黑龙江省的装备占据份额分别为33%和50%，黑龙江省的能源以及重工业制造项目的良好发展，为我国工业化的建设贡献出了巨大力量。作为东北老工业基地的黑龙江省，在一些较为大型的制造行业以及重工业等方面具有一定的技术、科研以及产业化的优势。

3. 黑龙江省高等学府、科研院校云集，科研力量雄厚

黑龙江省有众多的高等院校和科研机构，具备了极其雄厚的科研力量，从整体来看，在知识储备、科学技术、智力密度等方面有着明显的优势。历经多年的努力，黑龙江高新技术企业集群的建设已经初见成果。当前，黑龙江省拥有两个国家级高新技术企业开发区，分别是哈尔滨高新技术企业开发区和大庆高新技术企业开发区；拥有两个国家级大学科技园，分别是哈尔滨工业大学科技园和哈尔滨工程大学科技园；拥有七个国家级科技企业孵化器。另外还有两个省级高新技术企业开发区以及一个省级大学科技园，五个省级民营高新技术企业示范区，四个国家火炬计划特色产业基地，三个省级火炬计划特色产业基地，一个国家级农业科技园。除此之外，黑龙江省还建成了多个类型的科技园区，其中部分园区的高新技术研发在全国占有重要地位。

3.2.2.2　黑龙江高新技术企业创新能力内部劣势分析

1. 高新技术企业集群的科技创新能力不强

实践表明，高新技术企业具有风险高、投资大、成功率低的特征，其发展需要有敢冒风险的勇气，因此必须建立一种鼓励创新、善待失败、乐于合作的文化氛围。目前在黑龙江高新技术企业集群内部，无论是敢于冒险和创新的精神，还是鼓励社会交流协作的文化都较为匮乏，还存在着“只许成功，不许失败”的创业文化，这些都严重影响了黑龙江省高新企业的自发创业，限制了企业员工的创新发明。全国部分地区拥有发明专利数见表3.1。

表 3.1　部分地区拥有发明专利数　　单位:项

地区	年份			
	2008	2009	2010	2011
北京	6 478	9 157	11 209	15 880
天津	1 610	1 889	1 930	2 528
上海	4 258	5 997	6 867	9 160
江苏	3 508	5 322	7 210	11 043
浙江	3 269	4 818	6 410	9 135
山东	1 845	2 865	4 106	5 856
广东	7 604	11 355	13 691	18 242
黑龙江	562	758	1 069	1 953

数据来源:中国高新技术产业统计年鉴(2011)。

从表 3.1 中可以看出,黑龙江高新技术企业员工的发明创造能力和其他发达地区相比仍然存在着很大的差距。在发达地区,高新技术产业集群是该地区的技术研发中心,也是当地高新技术的核心。通常来看,一个地区的高新技术发展前期,外力或政策作用力占优,这种优势力量所引进的技术必然会刺激本地区的企业进行模仿和学习,但随着学习的不断进步,高新技术开发区企业集群的技术必然会依赖于自主研发。就黑龙江省而言,大多高新技术开发区的自主研发技术较少,而模仿和学习占据主要地位。加之来源于发达地区的技术不可能是该领域的关键技术,也就导致黑龙江省高新技术处于较低的水平,进而引发了企业集群中的价格竞争和重复现象,给黑龙江高新技术企业集群的发展带来了负面的影响。

2. 企业核心竞争力不强,拥有研发中心少

全球范围内共有 226 个知名的科技园区,其中基于高等院校和科研机构而创建的占据了 83.6% 的比例。高等院校和科研机构作为知识领域的创新主体,对于知识的产生、运用和传播起着极大的主导作用。而且,高新技术园区的企业能够为其提供科研经费,主导其科研方向,同时也能使高等院校和科研机构及时掌握市场的技术需求,增强知识创新的实用性,并为企业提供可靠的技术支持。

但就黑龙江省而言,大多高新技术企业与高等院校或科研机构的交流协作很少,很多企业仍依赖于自身小作坊式的研发形式,不能充分利用周边高等院校和科研机构的优势智力储备。高等院校或科研机构对于高新技术企业的发展方向和需求没有太多的关注,也就不能掌握市场技术需求,无法为相关企业提供技术创新的支持。截至目前来看,黑龙江省的高等院校和科研机构主要功能仍普遍停留在培养人员、基础

研究及知识的传播上,缺乏市场服务的意识和功能,也不注重研究成果的商品化发展。究其原因,一方面与大学和科研机构管理体制改革的滞后有很大关系,另一方面则是由于合作机制中双方之间的互动模式尚未完全建立。

3. 科研和实验经费投入不足

资本对于企业及产业集群的发展来说是极其重要的能力,企业缺乏资本就很难继续发展下去。硅谷成功的发展经验告诉我们,对于高新技术企业和新经济的发展而言,风险投资是一种有利条件,也是高新技术企业创业的催化剂。中小企业融资困难,企业普遍资金短缺,是限制黑龙江高新技术企业发展的重要能力,因此,黑龙江高新技术企业集群的发展首先要改变目前金融投资中的不利倾向,制定相应的优惠政策来吸引投资公司进行风险投资,完善风险投资机制,进而给高新技术企业的发展提供雄厚的资本支持。

4. 多元化投融资体制并不完善

就目前而言,黑龙江省尚未形成以政府投入为主导的多样化渠道与形式的投融资局面。企业自身的资金积聚能力较低,缺乏较强的研发能力,使企业产品更新速度较慢,无法与日益变化的市场需求相适应。而且,投融资渠道的狭窄,风险投资机制的不健全等,都是对企业资金积聚能力造成严重影响的因素,也对高新技术项目的发展造成极大影响,很难与市场技术需求相适应。

5. 企业市场观念不强,市场营销弱,高层次人才匮乏

人才是高新技术企业集群发展的关键要素。高新技术的研究开发、产品的创新、经营管理及风险投资的运作等都需要优秀的高级人才。印度班加罗尔软件园区的成功经验表明,高智力的专业人才对当地高新技术企业集群的发展是至关重要的。而目前黑龙江省的专业人才,尤其是高新技术企业发展所特别需要的高层次专门人才和既懂科技又懂经营管理的复合型人才却相对匮乏。我国部分地区科技活动人员中科学家和工程师人数如图3.2所示。

从图3.2中可以直观地看到,黑龙江省的高新技术人才相当短缺,这一方面是由于黑龙江省高等教育及其人才培养系统的发展滞后于高新技术企业发展的需要,另一方面也说明黑龙江省的高新技术企业开发区尚不能制定良好的优惠政策来吸引各地的优秀人才。虽然如哈尔滨工业大学、哈尔滨工程大学等高校每年都为社会培养了大批的优秀人才,但由于黑龙江省的生活水平、工资水平等和南方一些发达地区相比仍存在很大差距,所以大多数人才毕业后都倾向于去北京、上海、深圳等城市,留在本省的很少,这是造成黑龙江省缺乏高新技术人才的主要原因。高新技术企业是一个创新型的高风险产业,只有建立良好的激励机制并不断改善高新技术企业开发区的生活能力和配套的生活服务设施,才能有效吸引优秀专业人才的聚集。

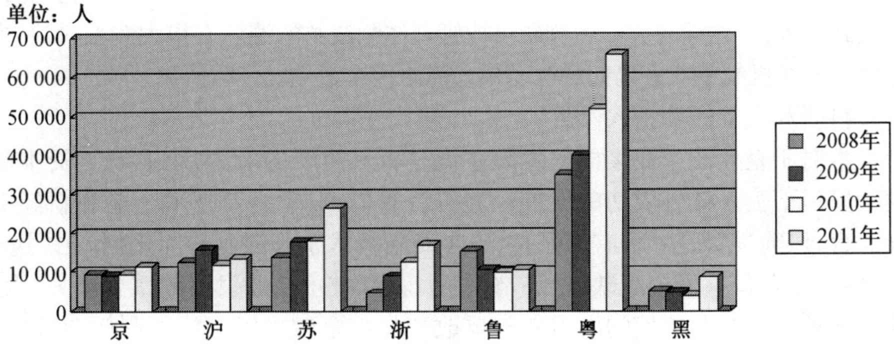

图 3.2　部分地区科技活动人员中科学家和工程师人数

6. 高新技术企业集群内部关联性与带动性缺乏

在黑龙江省高新技术企业集群中，各企业之间的联系较少，而集群发展的重要基础和优势就是集群内部企业的关联性。就目前来看，黑龙江省更重视对发达国家的跨国企业的吸引，虽然这样能够对黑龙江高新技术先天性不足形成一定的弥补，对高新技术开发区的初期发展起到一定的促进作用，但也造成了集群内部企业关联性较差的局面。分析其原因主要有三点：未能作出准确选择，单纯为了跨国公司的引进，致使真正意义上的集群没有形成；当地公司与其之间的关联性较低，跨国公司依旧保持着原有影响度；相关的设施设备价格昂贵，具有非常高的规格要求，不利于本地公司的正常发展。

同时，和发达地区的高新技术企业区相比，黑龙江高新技术企业集群的发展对区域经济发展的带动性不强。一方面，黑龙江省的高新技术企业没有形成成熟的企业制度，相当一部分企业在发展初期都是通过贸易进行原始积累，而不是通过生产或研发的方式。另一方面，本地的根植性企业管理体制有着极大的复杂性，其中既有民营企业，也有国家或集体的，体制上存在极大的冲突，对企业之间的关联造成局限，从而对高新技术企业集群的地区发展带动力形成影响。

3.3　黑龙江高新技术企业创新能力仿真分析

3.3.1　黑龙江高新技术企业创新能力仿真模型

本书采用系统动力学专用的仿真软件（Vensim PLE）对高新技术产业创新能力进行系统动力学模型构建。

3.3.1.1　系统模型主要决策变量设计

1. 设置三个流量

在系统中为存量设置相对应的流量,为创新收益设置创新产品销售收入增加额和创新成本增加额,为“R&D 投入”设置“企业、创新、投入”三个流量。

2. 设立四个存量

根据本书的研究目的,设置知识产权保护力度存量、发明设计投入存量、创新收益存量和 R&D 投入存量。这主要是由于存量有着累积功能,能够根据数据变化观察对创新生产的投入及其效果进行评价。

3. 设置十四个中间变量

通常情况下,存量对流量的控制需要通过中间变量实现。因此设置了企业市场竞争度、企业内容创新投入、内部创新投入三个中变量,并设置了技术附加值、市场占有率、吻合度、新产品技术含量、销量以及“原产品销量”对“创新产品销售收入增加额”进行控制。设置“技术含量”“新增市场占有率”“市场吻合度”“产品产量”“生产成本”“市场推广费用”及“新增产品销量”等中间变量对创新成本增加额进行控制。

4. 设置常量与辅助变量及其初始值

要想建立模型中变量之间的数量关系,需要设置一些辅助变量,而要想进行模型的数据模拟,则需要设置一些常量。这里提取黑龙江省 2010 年的高新技术产业作为指标和统计数据,然后采用德尔菲法对数据进行标准化处理,能够得出模型数据模拟所需的辅助变量和常量以及常量的初始值。

德尔菲法依据系统的程序,采用匿名发表意见的方式,即专家之间不得互相讨论,不发生横向联系,只能与调查人员进行联系,通过多轮次调查专家对问卷所提问题的看法,经过反复征询、归纳、修改,最后汇总成专家基本一致的看法,作为预测的结果。这种方法具有广泛的代表性,较为可靠。

德尔菲法的具体实施步骤如下:

(1)专家小组的组成。按照课题所需要的知识范围、背景,确定专家。选择多少专家,取决于研究项目的大小和所涉及的领域,一般不超过 20 人。

(2)向专家提供所要研究的问题,并要求所有的专家预测,专家组书面答复。

(3)专家作出预测,并说明理由。

(4)将各位专家第一次判断意见汇总,列成图表,进行对比,再分发给各位专家,让专家比较自己同他人的不同意见,修改自己的意见和判断,作出第二轮预测。

(5)重复进行三、四轮左右,直到每位专家都不愿意再修改自己的意见为止。

(6)对专家的意见进行综合处理。

本书运用德尔菲法得到如下变量的初始值：

a. 相关系数：$\alpha_1=0.02$；$\alpha_2=0.01$；$\alpha_3=0.02$。

b. 能力因素：知识产权保护力度 =0.5，政府采购 =0.3，风险投资 =1 000，市场规模 =100 000，国家技术基金 =1 063，银行贷款 =721.6，高校及研究所技术合作 =600，地方财政投入 =4 272.2。

3.3.1.2 模型结构分析与方程设计

1. 创新投入

高新技术产业当中的企业 R&D 投入是一种重要的创新表现形式，在这个系统内部，企业创新投入为流入变量，企业内部和外部创新投入、企业内部创新投入率、市场竞争度、企业创新意识、银行贷款、地方财政投入、风险投资、国家技术创新基金、优惠税率、高校及研究所技术合作为变量。α_1，α_2，α_3 为相关系数，可以得出下列公式：

(1) 企业创新投入 = 企业内部创新投入 + 企业外部创新投入

(2) 企业内部创新投入 = 内部创新投入率 × 创新收益

(3) 内部创新投入率 = α_1 × 企业创新意识 + α_2 × 市场竞争度 + α_3 × 优惠税率

(4) 企业外部创新投入 = 地方财政投入 + 企业的融资 + 国家技术创新基金

(5) 市场竞争度 = 创新收益/高新技术企业利润初值

2. 创新收益

企业在进行创新的过程中会增加收益，增加创新产品的销售额。设置创新产品销售增加额为流入变量，创新成本增加额为流出变量，创新产品高附加值、高新产品销量、知识产权保护力度、政府采购、市场推广费用、高新技术含量等为辅助变量和中间变量，市场营销费用的比例设定为10%。可以得出以下公式：

(1) 创新产品销售收入增加额 = 原产品价格 × 新增产品销量 + 创新产品高新技术附加值 × 原产品销量

(2) 创新收益 = 创新产品销售收入增加额 − 创新成本增加额

(3) 创新成本增加额 = 生产成本 + 销售费用 + 市场推广费用 + 企业内部创新投入

(4) 产品产量 = 新增产品销量 ×0.8

(5) 新增产品销量 = 市场规模 × 新增市场占有率

(6) 新增市场占有率 = 市场推广费用/新产品销售收入初值 + 市场吻合度 × 0.2 + 知识产权保护力度 ×0.3 + 政府采购 ×0.1

(7) 原产品销量 = 市场规模 × 原产品市场占有率

(8) 原产品市场占有率 =0.2 +0.2 × 新增市场占有率

(9)创新产品高新技术附加值 = 0.4 × 技术含量
(10)销售费用 = 新增产品销量 × 0.7
(11)技术含量 = R&D 投入/新产品销售收入初值
(12)原产品价格 = 原价格初值/市场竞争度
(13)生产成本 = 产品产量 × 0.6

3.3.2 黑龙江高新技术企业创新能力仿真

本章分析了各个变量之间的逻辑关系和系统结构,从而构建了系统动力学方程,对其定量关系进行显示,然后提取黑龙江高新技术企业的能力数据作为调试运行的标准,从而得出仿真结果,具体包括政策与法律能力、资源能力、市场能力、社会文化能力及科技能力等进行探讨高新技术企业创新的影响因素,具体结果如下。

3.3.2.1 政策与法律能力影响分析

在高新技术企业的创新系统受到政府投入因子变化影响的情况下,可以假设固定变量公式保持不变,而常量输入值以及仿真时间则是一定的,步长为1。

仿真进行两次,分别为政府物质投入因子值和增加一倍的政府物质投入因子值,得到的具体仿真结果如图3.3至图3.6所示。

在图3.3中的两条曲线中,为了使判断更直观和准确,将二者相加。在作出量词仿真处理之后,可以发现:在政府所投入的物质因子有所增加时,会对企业 R&D 投入有着明显的影响。从上面两条线中能够观察到,若二者相互叠加则更方便于直观判断与分析。经过一系列的分析与整理后,能够看出;当相关的物质因子经政府投入后逐渐扩增过后,会直接影响到对其相关公司的产品研发部门的投入工作。

从图3.4的两条曲线仿真对比能够看出,在政府所投入的物质因子有所增加时,企业的技术研发投入同样也会增加。从0~4月内的增幅越来越大,5~20个月内的增幅相对平稳。

从图3.5的两条曲线仿真对比中可以发现,在政府所投入的物质因子有所增加时,相应的知识产权保护力度在0~9个月内没有明显变化,但在9~20个月内逐步加大,但增大幅度较小。

从图3.6的两条曲线仿真对比可以得出,当政府投入的物质因子变大时,对于0~5个月内的税后利润没有明显的影响,在5~20个月内造成了一定的影响,但并不显著。

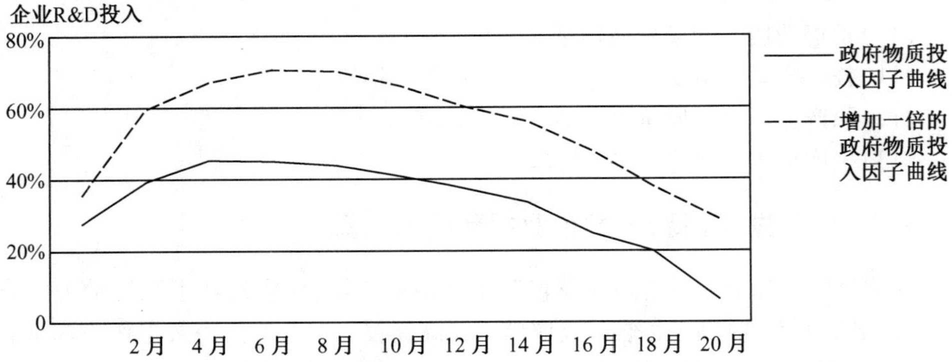

图 3.3　政府物质投入对用于 R&D 投入的影响曲线

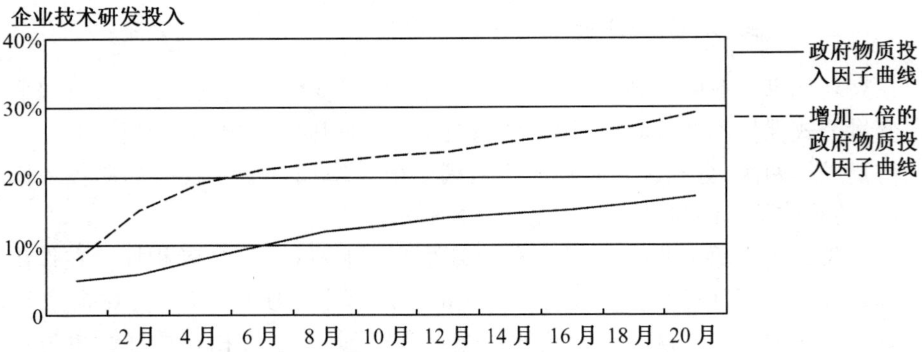

图 3.4　政府物质投入对发明设计的影响曲线

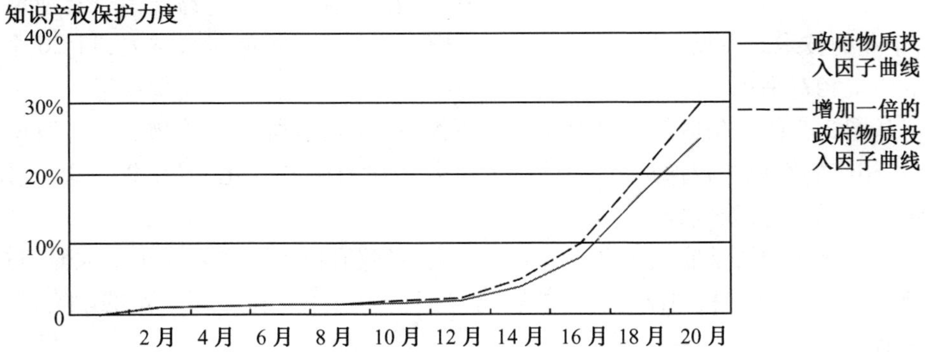

图 3.5　政府物质投入对知识产权保护力度的影响曲线

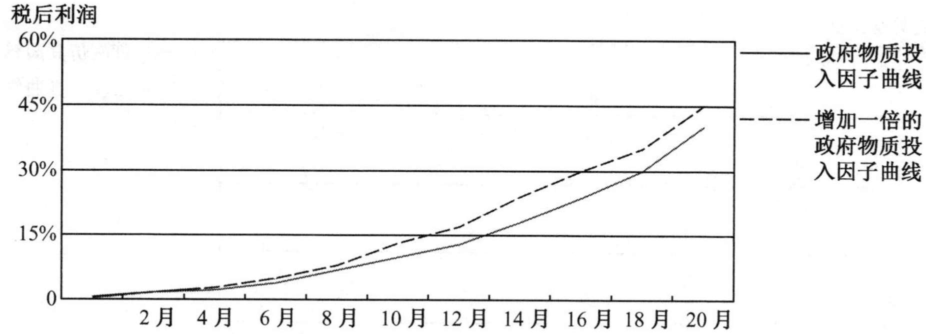

图3.6　政府物质投入对税后利润的影响曲线

3.3.2.2 市场能力影响分析

观察市场能力对高新技术企业创新系统的影响时，固定变量方程与其他常量的输入值一定，仿真时间一定，步长是1。在作出两次仿真对比之后可见：首次仿真Current市场能力对于创新的拉动因子值是0.1；二次仿真Reference市场需求对于创新的拉动因子值会增加0.4，具体结果可如图3.7至图3.10所示。

从图3.7的两条曲线仿真对比可以得出，当市场需求对创新的拉动因子值增大时，企业作出的创新投入也会明显增多。同时，具体的图形和市场竞争对于创新的推动因子所影响出现的图形存在明显的相似之处。这就能够证明，市场需求对于创新的拉动因子以及推动因子所起作用是基本相似的。

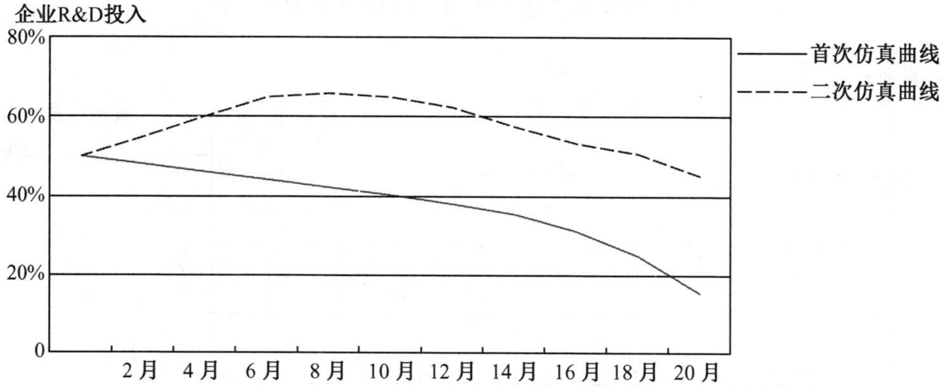

图3.7　市场能力对R&D投入的影响曲线

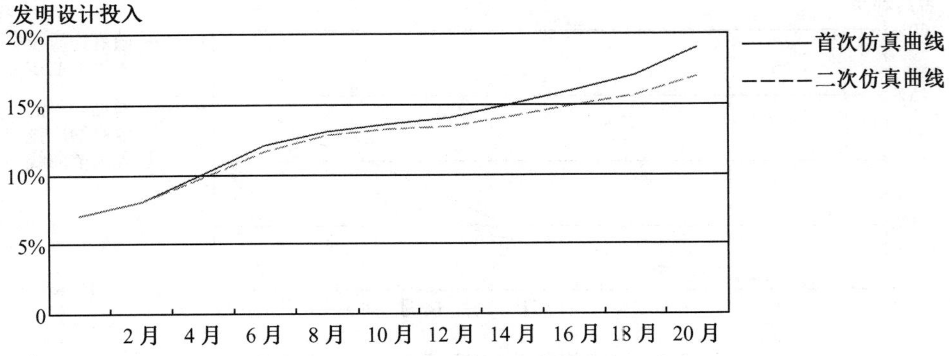

图 3.8　市场能力对发明设计投入的影响曲线

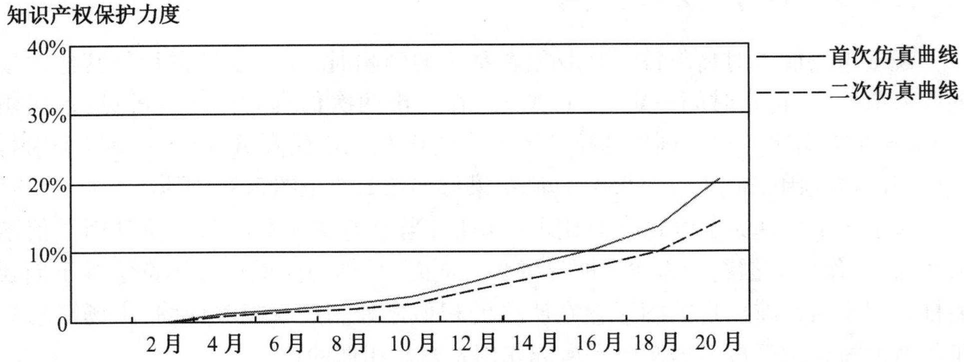

图 3.9　市场需求对知识产权保护力度的影响曲线

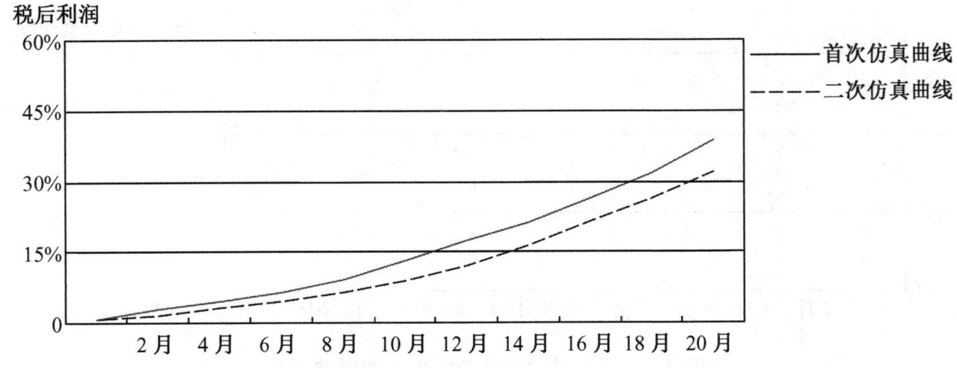

图 3.10　市场需求对税后利润的影响曲线

从图 3.8 的两条曲线仿真对比中可以得出，当市场能力对创新的拉动因子值增大时，在 0 ~8 个月内，企业在科技研发方面的投入没有显著的变化，从 8 ~20 个月内逐步增加。

从图 3.9 两条曲线的仿真对比中可以得出，当市场需求对创新的拉动因子值增大时，在 0 ~14 个月内，企业的知识存量没有明显的变化，从 14 ~20 个月内呈现出逐步下降的趋势。

从图 3.10 的两条曲线仿真对比中可以得出，当市场需求对创新的拉动因子值增大时，在 0 ~7 个月月内，企业的税后利润没有发生明显变化，从 7 ~20 个月内呈现出逐步下降的趋势。

3.3.2.3　资源能力影响分析

在对系统受资源能力因子变化的影响进行观察时，假设固定变量的方程和其他常量的输入值一定，仿真时间一定，步长为 1。共采取两次仿真对比：第一次仿真对比是 Current 资源能力因子值为 10；第二次仿真对比是 Reference 资源能力因子值增大为 70，具体结果如图 3.11 至图 3.14 所示。

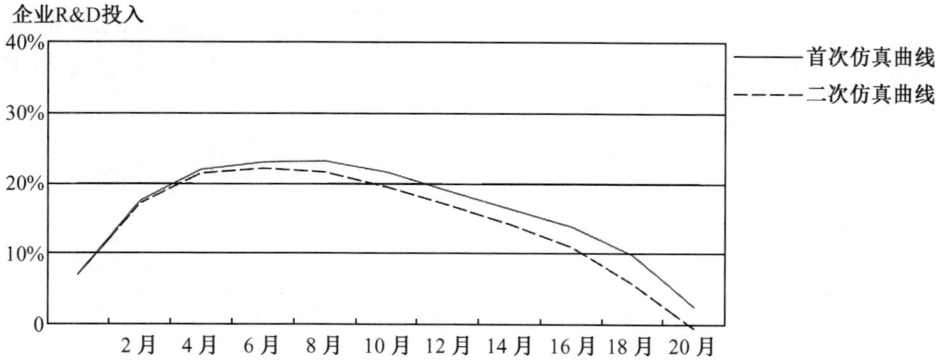

图 3.11　资源能力对用于 R&D 投入的影响曲线

从图 3.11 的两条曲线仿真对比中能够得出，当资源能力因子值增大时，在 0 ~9 个月内，企业的 R&D 投入没有发生显著的变化，9 ~20 个月内呈现出逐步下降的趋势，由此可见资源能力与企业 R&D 投入呈负相关关系。

从图 3.12 中的两条曲线仿真对比中能够得出，当发明设计投入的因子值增大时，企业的创新投资有所增加，但增幅较小。对这个因子的值进行调整对于模型及其他变量没有显著的影响。由此可以表明，发明设计投入因子在高新技术企业的创新而言并没有太大的影响。

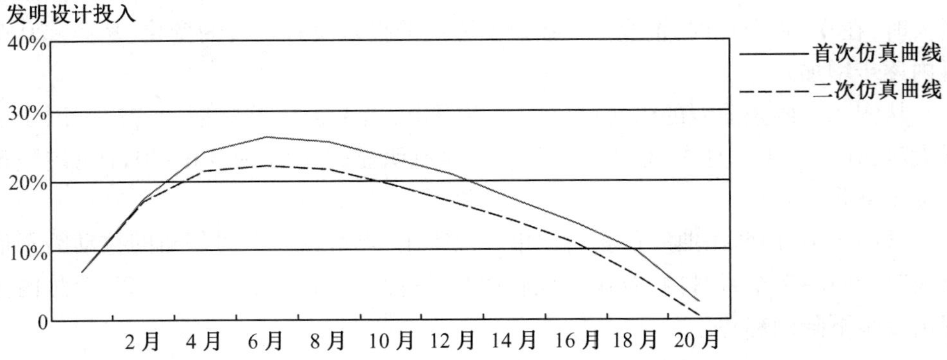

图 3.12　资源能力对发明设计投入的影响曲线

从图 3.13 的两条曲线仿真对比中可以得出，当资源能力因子的值增大时，在 0 ~ 13 个月内，知识产权的保护力度并没有发生明显变化，从 13 ~ 20 个月内呈现出缓慢的上升趋势。

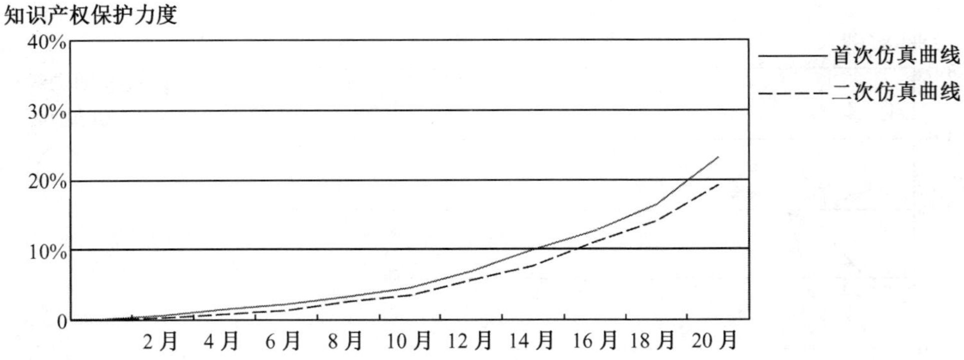

图 3.13　资源能力对知识产权保护力度的影响曲线

从图 3.14 的两条曲线仿真对比中能够得出，当资源能力因子的值增大时，在 0 ~ 9 个月内，企业的税后利润并未发生较大变化，从 9 ~ 20 个月内呈现出缓慢的上升趋势。

3.3.2.4　科学技术能力影响分析

对系统受到科技改进因子变化的印象进行观察时，假设固定变量方程一定，其他常量一定，仿真时间一定，步长是 1。在这里需要作出两次仿真：首次仿真对比得出的 Current 科学技术改进因子值是 0.1；二次仿真对比得出的 Reference 科学技

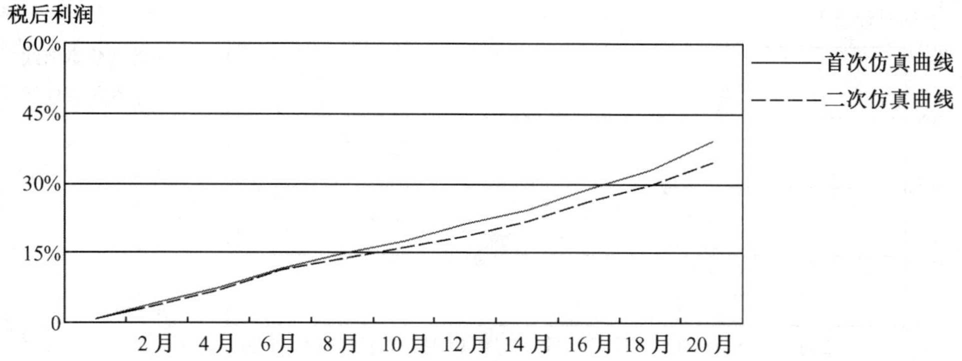

图3.14　资源能力对创新收益的影响曲线

术改进因子值有所增加，应该是0.4，具体情况可见图3.15至图3.18所示。

从图3.15的两条曲线仿真对比中可以得出，当科技能力因子增大时，政府对企业的知识产权保护力度在0~9个月内并未发生明显的变化，在9~20个月内呈现出缓慢的上升趋势，系统中的其他变量并未发生明显变化。由此可以表明，科技能力因子在高新技术企业创新中没有显著的影响。

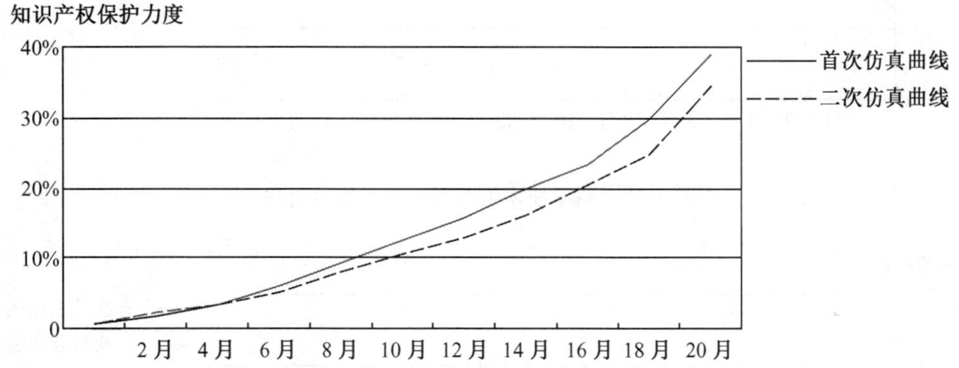

图3.15　科学技术能力对知识产权保护力度影响曲线

从图3.16的两条曲线仿真对比中能够得出，当科技能力因子从0.2~0.6时，在0~13个月内，企业的发明设计投入并未发生较大起伏的变化，从13~20个月内急剧增加，从19个月开始差距迅速增大。

从图3.17的两条曲线仿真对比中可以得出，当科技能力改进因子增大时，企业成本在0~7个月内并未发生显著变化，从7~13月内开始逐步降低，降低幅度较小，从13个月开始降低的幅度迅速增大。

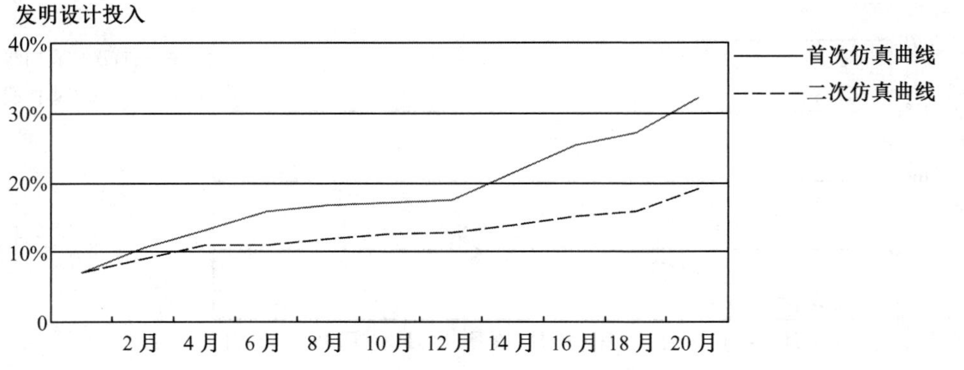

图 3.16　科学技术能力对发明设计投入的影响曲线

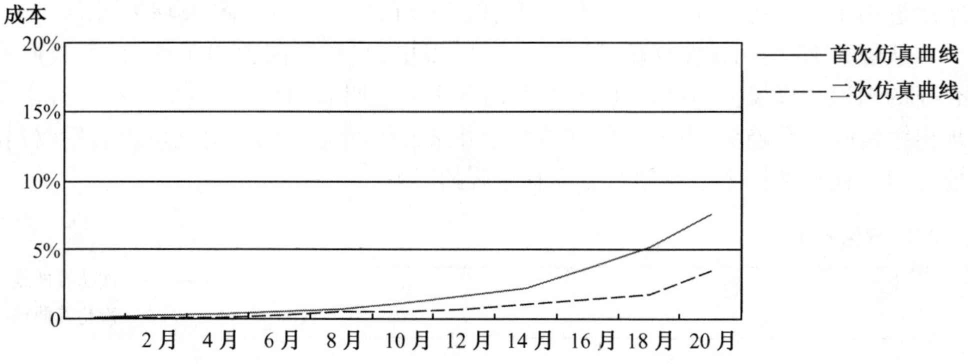

图 3.17　科学技术能力对成本的影响曲线

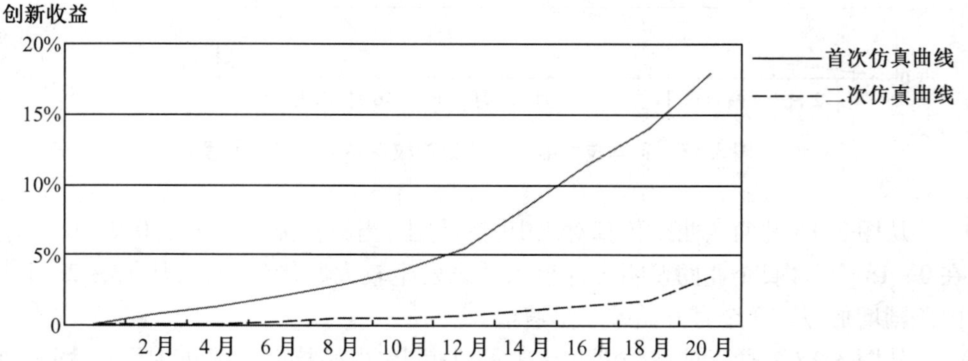

图 3.18　科学技术对创新收益的影响曲线

从图3.18的两条曲线仿真对比中可以得出,当科技能力改进因子增大时,企业的创新收益开始逐步上升,且上升幅度逐步增大。通过上面的三个图形的分析得出,对于高新技术产业创新而言,科技能力改进有着极大的影响。

3.3.2.5　社会文化服务能力影响分析

在对系统受社会文化能力因子影响进行观察时,假设固定变量的方程一定,其他常量一定,仿真时间一定,步长为1。在此需要作出两次仿真,第一次仿真对比得出 Current 大学科技园以及科研机构因子值应该是6;而二次仿真对比得出 Reference 大学科技园以及科研机构因子值应该是7,具体影响结果可见图3.19至图3.22所示。

从图3.19的两条曲线仿真对比能够得出,当高校科技园、科研机构因子增加时,在0~7个月内,企业的创新投入并未发生明显变化,从7~15个月内有着一定的下降,但下降幅度较小,从15个月开始降幅迅速增大。

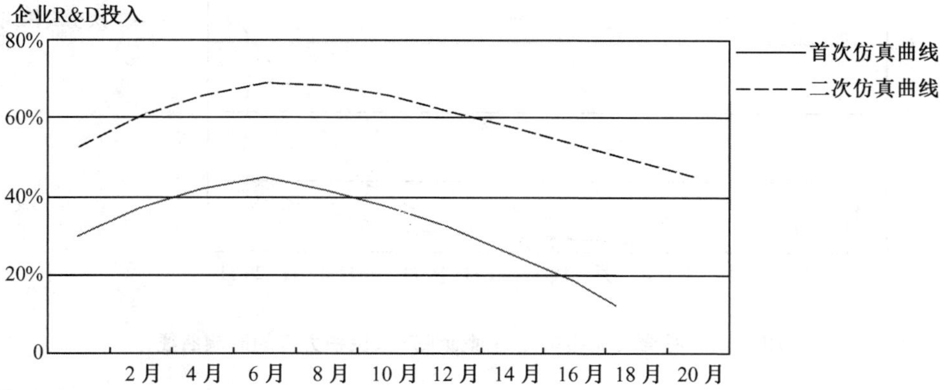

图3.19　社会文化服务能力对R&D投入的影响曲线

从图3.20的两条曲线仿真对比可以得出,当高校科技园、科研机构的因子增加时,在0~12个月内,企业的发明设计投入并未发生明显的变化,之后呈现出缓慢上升的趋势。

从图3.21的两条曲线仿真对比中可以得出,当高校科技园、科研机构因子增加时,在0~9个月内,知识存量并未发生明显的变化,从9~15个月内呈现出缓慢上升的趋势,之后上升幅度快速增大。

从图3.22的两条曲线仿真对比可以得出,当高校科技园、科研机构因子增加时,在0~9个月内,企业的创新收益并未发生明显变化,从9~15个月内呈现出缓

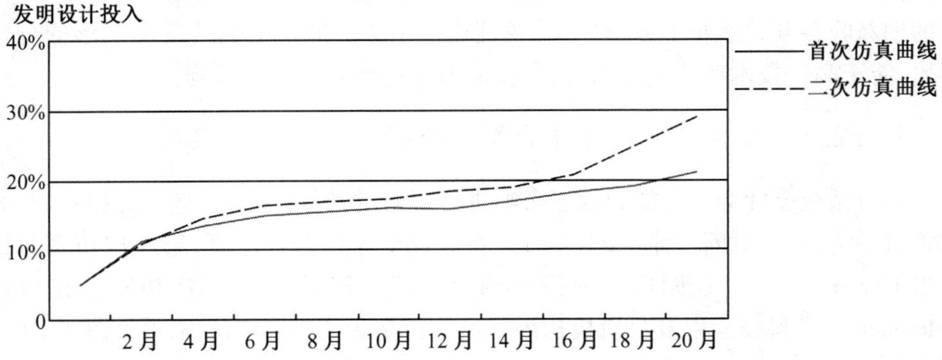

图 3.20　人力能力对发明设计投入的影响曲线

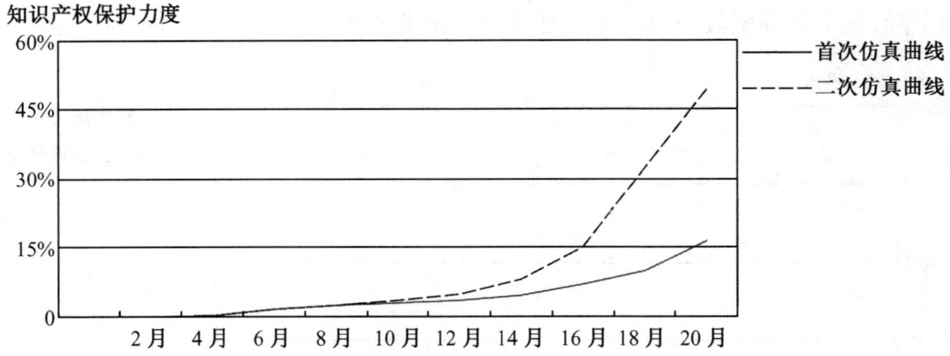

图 3.21　社会文化服务能力对知识产权保护力度的影响曲线

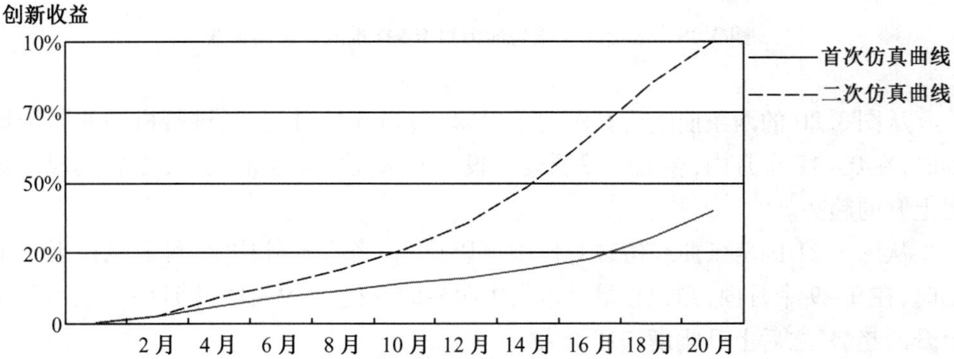

图 3.22　社会文化服务能力对创新收益的影响曲线

慢上升的趋势,之后增幅快速增大。由此可以表明,从长远来看,高新技术企业的发展与高校科技园及科研机构合作不仅能够极大地降低企业创新投入,还能够提高企业的创新收益。

3.3.3　黑龙江高新技术企业创新影响结果分析

3.3.3.1　政策与法律能力

从政府的视角来看,对处于不同创新阶段的企业实行不同的税收优惠政策,特别是在企业的创新初期发展阶段,因为融资难度非常大,这就需要政府给予必要的支持,这样不但能够提高其创新积极性,更能确保高新技术产业对政府的纳税额度。对于处于创新初期的企业而言,政府应该不断加大创新产品的支持,不断健全知识产权保护体系并加强基础设施的建设,以取得长期的效果。在高新技术企业中由政府采购因子所参与的创新产品所产生的影响不大,其公司的利润仅仅能够在小范围程度上被加以提升。基于当前的市场经济背景下,一个公司要想获得较大的市场份额就必须要进行产品的不断创新与提高,只有创造出让消费者能够满意的产品,符合消费者的需求,才能使其更好地进行发展,在对高新技术企业进行创新时,与之相关的知识产权保护力度因子不受其影响,能够作为一项技术壁垒为公司增强自身实力而提供帮助。

3.3.3.2　市场能力

根据对相关的系统动力学的仿真对比分析能够了解到,市场竞争同相关的市场需要以及公司的产品创新等效果相同,均可以为公司带来一定的激励作用。所以,市场环境的建设工作显得尤为重要,从政府的观点出发,应当减少对市场竞争等活动的干预及限制,但可以提供一些较为积极的激励措施供其更好地进行有序的市场竞争,以此确保其公平、公正性。

3.3.3.3　资源能力

在对比分析了上面的系统动力学仿真之后可见,资源能力在高新技术企业创新过程中具有一定的作用。政府可以对高新技术企业的人才引进采取措施给予鼓励或帮助,并加大力度建设融资渠道,以保证融资渠道的通畅无阻。根据对相关的系统动力学的仿真对比分析能够了解到,在高新技术企业创新的过程中,资源环境具有重要的作用。政府可以加大鼓励对于相关人才的引进及培养,加大对其融资渠道的建设投资力度,保障其安全顺畅。

3.3.3.4 科学技术能力

通过对系统动力学的仿真对比分析，可以得出在高新技术企业的创新过程中，科技能力因子的增强能够提高企业技术壁垒，保护企业的创新成果。

3.3.3.5 社会文化服务能力

通过系统动力学仿真比较分析，能够知道，在高新技术企业创新过程中，高等院校和科研机构对企业的创新积极性产生较大的影响；在高新技术企业的创新中，社会咨询机构的影响较小。

因此，政府应该不断加强高校科技园和科研机构的建设，把对各类咨询机构建设放在次要位置。与此同时，政府也应该重点把人力能力的建设作为推动企业创新、建设社会创新文化、营造良好创新氛围重要力量。通常情况下，消费者不愿意购买正版产品，这主要是由于黑龙江目前的企业知识产权保护体系不够健全。在这种情况下，大力建立良好的知识产权保护氛围，对于企业创新整体能力的建设有着极大的效用。

3.4 本章小结

本章主要分析影响黑龙江高新技术企业创新能力的外部和内部影响因素，针对黑龙江省的高新技术产业外部创新能力及其挑战进行了分析，并针对高新技术企业创新过程中内部优势和劣势进行研究。最后，对黑龙江高新技术企业创新影响能力进行仿真研究。

第4章 黑龙江高新技术企业创新能力系统

4.1 黑龙江高新技术企业创新能力系统结构

4.1.1 黑龙江高新技术企业创新能力系统含义

创新是一项极复杂的系统工程,是知识学习和实践活动的统一,是创新主体与创新能力的结合,其活力主要来源于创新能力与创新要素的协调。黑龙江高新技术企业创新能力系统是指影响黑龙江高新技术企业创新能力的创新要素及各个要素之间的关联综合。创新能力系统可以是全球范围的,也可以是小范围的。通过能力系统各个要素之间的相互关联和作用,形成一个整体,并逐步形成机制性、稳定性的能力系统。从本质上来看,能力系统就是各个能力要素之间的相互作用过程。将创新环境和各个因素共同治理,才能促使黑龙江省高精尖技术的飞跃。创新环境已经逐渐突破了地域限制,甚至开始逐渐将整个地球融合到一个范围之内,地球村这一理论在高精尖技术创新方面被展现得淋漓尽致。

4.1.2 黑龙江高新技术企业创新能力系统特征

4.1.2.1 多元性

高新技术企业的创新能力极其复杂,既有内部能力,又有外部能力,能力的构成要素多种多样。高新技术企业创新能力的内部影响因素主要有创新管理因素、R&D 投入因素、学习能力因素、营销因素、生产能力因素等五个方面的因素;外部影响因素主要包括宏观企业经济因素、创新管理资源因素、法律政策因素、市场因素、科学技术因素、社会文化服务因素六个方面的因素,这些因素使创新能力系统呈现出多元性的特征。

4.1.2.2 相关性

创新能力系统不存在孤立元素组分,所有元素或组分间都存在相互依存、相互作用、相互制约的关系，创新能力各构成要素之间体现出一定的相关性。内部影响因素和外部影响因素之间、内部影响因素中的各子因素之间、外部影响因素中的各子因素之间都呈现出一定的关联性。宏观经济因素影响企业 R&D 的投入，反之，R&D 的投入对科学技术又产生很大的影响；企业创新管理影响企业的营销能力和生产能力，而营销能力和生产能力对企业创新管理有影响；宏观经济影响创新管理资源、创新市场和科学技术，反过来，创新管理资源、创新市场和科学技术对宏观经济有影响。为此，相关研究人员必须提高重视程度，切勿将片面研究当作整体，或者过于重视某一部分而忽视了全局。

4.1.2.3 整体性

创新能力系统是所有元素构成的复合统一整体，结合本书的研究目的和研究对象，本书将所研究的创新能力分为决策能力、开发能力、实现能力和扩散能力，这四部分组成黑龙江高新技术企业创新能力的整体。各子系统的构成要素互相影响、互相作用、互相制约。创新能力系统的健康运行需要各个子系统各司其职、相互协调，真正担当起创新能力系统成员的角色。

4.1.3 黑龙江高新技术企业创新能力系统目标

4.1.3.1 改善黑龙江高新技术企业创新能力

黑龙江省高新技术企业的创新环境系统可以分成几个部分，分别是决策环境、开发环境、实现环境和扩散环境。而这些部分又都可以分成许多的子因素。这些因素并不是独立的，这部分内容在上面我们已经提及过，这里就不进行赘述。黑龙江省高新技术若要有所突破，就必须完成整体协同进步，防止出现木桶效应。

4.1.3.2 提升黑龙江高新技术企业创新能力

黑龙江高新技术企业创新能力的提升，需要有良好的创新能力的保障。良好的创新能力，可以使创新主体的能力得到发挥，同时，对创新过程和创新效果也起着至关重要的作用。良好的创新能力有利于吸引创新人才的加盟，推动企业创新的发展。而这一发展，需要通过培育良好的创新能力来实现，以此提升黑龙江高新技术企业的创新能力。要注意的是高新技术创新能力的提升，并不是单纯的理论体系的创新，而是让高新技术理论体系被提出后又经过相应的实践证明其可靠性，最终再转化为相应产品的一系列过程。如果任何过程出现问题，比如理论在经受实践的验证之后发现存在误区,那么创新便是失败的,之后的产品转化过程就更不需要提及了。

4.1.4　黑龙江高新技术企业创新能力系统功能

4.1.4.1　分工功能

创新环境系统的组成部分较为复杂,是各个因子通过作用的产物,这些因子之间存在着相应的关联,同时又各司其职,将其进行分工,可以保证整个体系公平。在整个体系的覆盖下,各个部分都最大限度地发挥出自己的功效,为创新贡献出自己最大的力量。

4.1.4.2　互补功能

创新能力系统各组成部分中的每个要素都有其特殊的功能,在这个创新能力系统中,各要素可以实现优势互补。通过优势互补,可以实现各子系统资源的最佳配置,实现资源共享,以此来实现整个创新能力系统的协调运行。

4.1.4.3　竞合功能

在创新能力系统中,各组成部分既存在某种程度的竞争,又存在某种程度的合作,这种竞争与合作的态势,促进了高新技术企业创新能力的完善。因为竞争是市场经济的规律,创新能力是在市场经济能力下运行的,其应遵循市场规律,有了竞争,可以促使各个子系统能充分发挥各自优势。但这种竞争不是恶意的竞争,而是一种有序的竞争,其背后是一种合作关系,从而保证创新能力系统的有序运行。

4.1.4.4　整合功能

在复杂的创新能力系统中,组成要素错综复杂,互相联系、互相制约,同时系统又将特征相同、功能相近的要素进行整合,通过整合优化了创新能力系统要素,使创新能力更加改善。在黑龙江高新技术企业创新能力的整合进程中,各种创新成果通过创新系统向外部创新网络传递与扩散,而各种创新服务或辅助创新主体通过创新系统向内部积聚,当创新能力的整合达到一定程度的积聚状态,则会形成极具优势的创新要素流,会使创新系统与外部主体之间的关联更强,为创新能力的整合奠定更为坚实的基础,提供更良好的能力。如此错综复杂的创新环境体系,想充分了解其中的每个因素似乎是不可能的,同时各个因素的相互影响让我们即使真正对其中某一项因素完全了解,也无法真正依靠这一因素达到某一目的。因此只有将每个因素都同时拔高,这样才有可能让黑龙江省高新技术得到真正的发展。

4.1.5 黑龙江高新技术企业创新能力系统构成

我们已经知道,在高新技术企业的相关创新环境方面,各种相关影响因素错综复杂,尤其是内部因素和外部因素的相互作用,让有机的整体不可能被简单的公式所表达,其中主要的四个子系统虽然可以被称为是构成创新环境的主要因素,但是它们的加和并不能代表创新环境。但对这四个子系统进行描述,将让我们对创新环境的构成有一个较深的理解,再结合国外的先进经验,相信对黑龙江高新技术企业创新环境的改变将有极大的帮助。

这四个子系统中决策环境是前提,其他的相关子系统必须在决策环境基础上进行工作;开发环境则为整体提供一个保护作用,只有在开发环境的庇护下才能保证其他子系统能够充分发挥出其应有的实际能力,同时开发环境的好坏也直接影响着最终实现环境能否达到我们既定的目标;实现环境则是各个环境的具体体现,我们可以将其视为一个现实环境中检验各个方面的考核;扩散环境的优劣则对创新产品的市场化起到主导作用。

四个子系统互相联系、互相依存,共同组成高新技术企业创新能力系统,如图4.1所示。

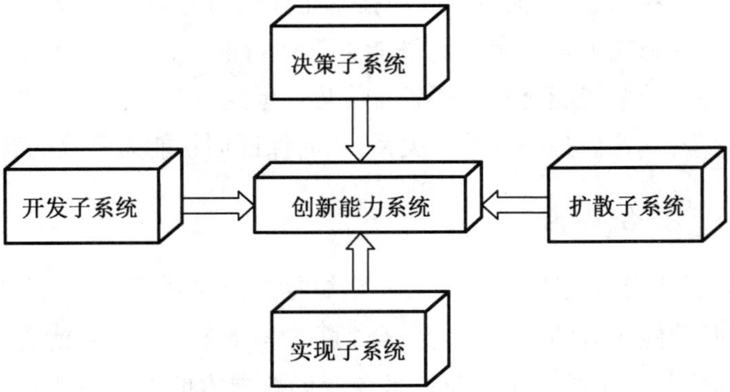

图4.1 高新技术企业创新能力系统构成图

4.2　黑龙江高新技术企业创新决策能力子系统

4.2.1　高新技术企业创新决策能力的内涵

在企业的创新过程中,创新决策能力子系统应该充分发挥战略引导的作用,对于市场变化和一些技术变化要及时掌握,对自身的创新战略及竞争对手的战略进行认真研究,从而寻找创新机会,定位企业的创新目标,然后确定企业的未来创新战略方向,为企业的发展引航。科技创新的最终目标是提升公司的最终实际经济效益。因此创新过程的实质首先公司的决策层将创新提升到公司长期发展的战略高度,并制定相应的规划,而后市场部门通过对市场进行数据调研,得出第一手的准确数据,加以整理后交给技术研发部,技术研发部通过这些相关数据决定研究方向,制定相关的研究项目,并着手研究,将研究成果交给生产部门加以验证,生产部门通过大量的实践,验证研究结论的准确性,然后将创新产品交给市场部进行推广,相关的营销部门制定专业的营销方案,通过之后的市场占有率和投资回报率来确定相关研究方向的准确程度,最终反馈给公司领导层,制订下一阶段的研究方案。通过这一完善的过程来验证整个公司的相应实力,将本公司进行市场定位,同时研究自己应该如何进行下一步的工作,以保证或提升本公司的品牌价值,或者扩大公司规模,只有通过这种方式制定的战略规划,才能保证公司的长久生命力。

4.2.2　高新技术企业创新决策能力的实现

4.2.2.1　确立问题

确立问题是决策的前提,是确定目标的基础。确立问题首先要识别问题,领导者识别问题的关键是将事情现状与标准进行比较。黑龙江省高新技术企业的发展要分为两个方面:第一是现有症结的整改,第二是新思想、新体制的引进。目前黑龙江省高新技术企业资金缺口较大,人才资源较少这些就是发展中的现有问题,而如何引进先进思想、先进经验等就是企业需要扩宽的思路。

4.2.2.2　确定目标

目标是决策的方向,管理者确定了要解决的问题,就要针对问题确定决策目标。决策目标确定后,可依据价值准则来对目标进行判定。常用的价值指标有三类,即学术价值、经济价值和社会价值。明确整改目标有利于整体公司的发展,我们可以知道公司的力量与精力是有限的,不可能同时对各个方面进行整改,同时公司还要进行日常的工作，因此为了保证公司在整体稳健运营的同时进行整改，就必须保证集中精力先对某一部门进行整改，整改完毕再进行下一步的工作，这样明确的目标有利于公司的整体稳定，也能保证最终我们的目标能够实现。

4.2.2.3　拟订方案

决策目标明确以后，就应拟订能够达到目标的各种备选方案。多方案比较是作出科学决策的基础。方案拟定通常有两条途径：一是经验，二是创造。当领导层将整个目标进行权重分级之后，就要草拟出相应的方案，整个方案的制订对于实施环节极为重要，因为实施过程必须参照方案进行。为了保证整改能够得到保证，应对市场的变化、特殊情况的出现作出预判，制订多套方案，同时方案必须细致，能够将每种变化情况都包含其中。多方案的实施能够相互补充，防止出现漏洞。方案编制过程要结合传统的相关经验，也要保证创新性。

4.2.2.4　方案评估

方案评估是对方案进行分析和论证，以便挑选最有效、最恰当的解决问题的措施，评价和比较的主要内容有：①方案实施的可行性；②方案实施可能带来的影响；③方案实施的风险性。提案后，必须马上组织相关人员对方案进行可行性验证。相关的负责人和核心人员是相关环节的具体实施者，因此必须听取他们的意见。在衡量方案有效性的时候，必须保证整体方案的实际价值、相关费用支出情况、风险预防、人员调配等一系列问题。

4.2.2.5　方案选择

对各种备选方案进行综合评价，最后由组织决策者选出或归纳出“满意”方案。“满意”的决策应当符合 3 个标准：①全局性标准；②适宜性标准；③经济性标准。挑选方案的方法：①经验判断法；②研究和分析法；③模拟实验法。在结合了各个方面的意见，考量了资金情况、使用价值、人员情况等问题之后，给予各项方案相应的分数，该分数必须根据本公司的实际情况进行打分，同时决策层领导必须通过相应的模拟和深入的研究才能保证得出最终结论，决策层人数必须为单数，这样才能保证最终的投票能得出有效的结果。

4.2.2.6　方案实施

方案实施是将决策意图传递给有关人员并得到他们采取行动承诺的过程。在实施方案的过程中要注意方案的针对性，要和企业的实际情况相结合，要对方案作出变通的处理，切不可生搬硬套，这样才有可能达到最佳的经济效果。方案已经实施,就必须将相关人员的主观能动性积极地调动起来,将最终的实施结果和每个人都联系在一起,让整个公司和方案结合,一荣俱荣。

4.2.2.7　对方案追踪评价

方案执行后,应根据决策目标,检查所实施的方案是否达到了预期的目标,为今后的决策提供信息和积累经验。

如果最终结果没有达到预期,那么必须重新整理思路,重新制订方案,直到达到预期为止。

4.2.3　高新技术企业创新决策能力的管理模式

结合华盛顿大学学者们的研究分析,可以对相当一部分领导者的决策模式进行划分,但不同的领导者或决策者的习惯或决策模式不同,有些对于企业的创新较为适用,有些可能没有较强的适用性,这与决策的性质和时机有着直接的关系。

4.2.3.1　"L"决策模式

这种决策模式是领导者完全结合自身对信息的了解而进行的决策,在决策过程中完全凭借自身的知识与经验,而不征求其他意见或建议。通常情况下,自信心较强的领导者普遍认为部属缺乏较强的能力,或不喜欢部属提供的建议。这种决策模式缺乏员工的参与,更无法通过决策加强与员工之间的讨论,也就不能提升员工的能力。一般而言,习惯于这种决策的领导者都是独断式的,日常工作中与员工存在一定距离,站在领导的角度来看,这种决策模式是最差的。但有的时候由于时间上来不及,领导者必须通过这种模式进行决策,如果领导者没有完全了解或掌握该项事务,可能就会给企业带来决策风险。因此,通常情况下不要采用这种模式。

4.2.3.2　"LI"决策模式

这种模式是领导者在进行决策时会咨询员工的看法,但并不会让员工清楚此事的目的,然后根据自身获得的信息进行决策。从民主管理的视角来看,这种决策模式的员工参与度只有10%,主要根据领导者掌握的知识、经验与情报进行决策。如果某项决策对正确性和品质要求极高,而领导者对于决策知识或情况了解较少时,就无法作出理想的决策。这种模式的问题是:第一,当决策专业性较强的时候,决策层可能不具备相应的专业知识,这样最终的决策就不会十分专业。第二,因为公司员工的知识水平、技术水平不尽相同,提供的意见也并不都具有实际意义,但为了了解每一个员工的思想就必须一一来阅读,整个过程消耗的时间被极大程度地延长了,降低了效率。

4.2.3.3 “LC”决策模式

这种决策模式一般是领导者寻找几位可靠部属，征求他们的意见，事先领导者会将此项决策的困难与目的讲述清楚，并通过与部属之间的相互讨论寻求最佳决策方案，但也仅仅只征求几位部属的意见，部属参与程度最多达到50%。虽然相对于前两种决策模式花费的时间更多，但相对而言，其决策方案更为正确和适当。该模式也是“L”模式的进化。

4.2.3.4 “LCT”决策模式

采取这种决策模式的领导者在进行决策时，事先会召集与项目相关的主管共同开会，首先将决策的困难和目的讲述清楚，并充分征求每个主管的意见或建议。在会议召开的过程中，领导者充分引导讨论者发言，通过不同思维的碰撞产生更好的意见，领导者将众多意见综合之后，结合自身的知识与经验做出最终决策，并向相关主管说明最终决策的原因。虽然这种模式会花费很多时间，但能够实现全员参与、广泛交流，对团队的整体协作有着极大的帮助，并能够帮助员工成长。此外，由于这种模式是全员参与，决策结果是所有相关人员的综合，因此其决定必然会受到大部分人员的响应，是最好的决策模式。

4.2.3.5 “T”决策模式

这种模式是领导者将决策完全交给自身所带领的团队，全员参与决策并作出决定，领导者对于团队的决定给予肯定和支持。由于这种模式是全员参与，其花费的时间较多，效率不高，但这种模式会被团队广泛认可，具有较强的执行效力。当然，这种模式的决策也有一定的失败风险，由于是团队决策，如果团队中员工只关心自身立场与利益，对企业的认同度不足，向心力缺乏，一旦决策与员工的自身利益相关时，就容易发生偏差。这种模式实现了完全民主，其员工参与度最高，但相对而言，与L决策模式都有一定的极端性，很容易使领导者忽略自身管理职责，放任员工决策行为。

4.3 黑龙江高新技术企业创新开发能力子系统

4.3.1 高新技术企业创新开发能力的内涵

高新技术企业创新开发能力的内涵就是确定产品开发的整体构思，主要以满足市场需求而进行的创造性研究，为企业创新战略提供导向，以开发满足企业市场需求的成果为主要目的,是企业创新系统的核心组成部分。这部分的创新工作人员应该有着较强的思维能力和创新能力。

4.3.2 高新技术企业创新开发能力的开发模式

高新技术企业创新开发模式如图4.2所示。

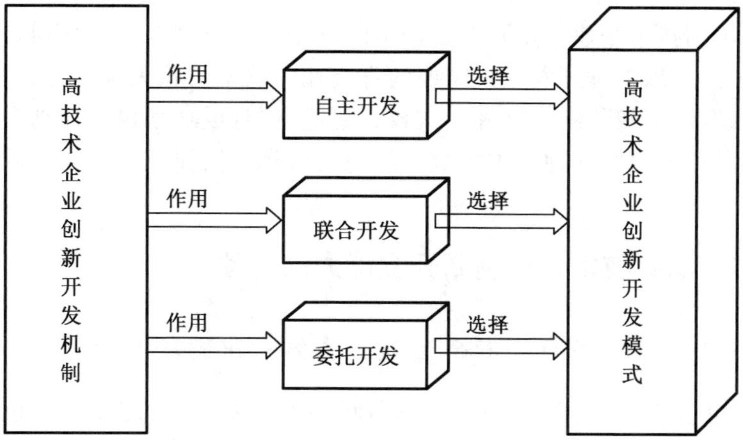

图4.2 高新技术企业创新开发模式

4.3.2.1 高新技术企业创新自主开发

高新技术企业创新自主开发就是以高新技术企业为独立单位,依靠自身的技术水平和科研实力,自己负责产品的设计、装配、生产,因此,对高新技术企业提出了更高的要求,自主开发也会为企业带来丰厚的利润,企业独自拥有开发获得的知识产权。自主开发是一项整合技术,是一个高新技术企业实力的体现。

4.3.2.2 高新技术企业创新联合开发

高新技术企业的联合创新与产品开发主要是为了实现自身的战略目标,这也是高新技术企业通过联合的方式提高市场竞争力的一种途径,这种途径能够使他们优势互补,协调合作,解决自身资源和能力上存在的问题。联合创新与开发存在较大的风险。在进行联合开发的过程中,其技术诀窍必然会泄露给其他合作伙伴,这些伙伴在未来有可能会成为企业的竞争对手。而进行联合创新开发也就意味着必须与陌生的伙伴甚至是未来的竞争对手一起工作,不但要花费大量时间适应联合工作方法,而且有可能产生企业文化上的矛盾与冲突,造成不必要的协调开支。此外,在进行联合开发协议的签订时,会存在授权不明确的问题,如果企业面对采取内部开发战略的对手时,必然会形成决策上的劣势。因此,选取联合开发的对象十分重要,联合开发过程中的细节敲定非常重要。这种方法虽然看起来高效,但是实际存在的问题却非常值得商榷。

4.3.2.3　高新技术企业创新委托开发

高新技术企业创新委托开发是高新技术企业与科研院所签订委托协议的开发方式,其中高新技术企业负责开发过程中的资金投入,科研院所负责科研,直到科技成果产出。采取这种开发方式需要注意委托协议中的相关条款,避免出现知识产权使用权和所有权纠纷。这种模式较为普遍,而且成功率也要比独自创新的公司高,但是其中的争端问题不占少数。如何完善相关法律条文就成了政府当下的任务之一。

4.3.3　高新技术企业创新开发能力的管理

4.3.3.1　加强高新技术企业创新主体意识的培养

创新意识是创新的源头,如果不具备相关的创新意识,那么创新也就无从谈起。因此,提升公司范围内的创新意识就成了高新技术企业内部改良的重要工作。而提升所有公司的创新意识就成了黑龙江高新技术创新的重要工作。无论是公司内部还是黑龙江省整体,都应该用相应的鼓励政策、相应的物质奖励等刺激个体对创新的主观能动性。只有充分调动每一个人的主观能动性,让创新深入人心之后,黑龙江企业的创新才有了核心保证。

4.3.3.2　积极开发创新源头,建立合作关系

政府应积极开发创新源头,鼓励和支持大学、科研院所的科研成果能应用到实践当中,引导高新技术企业与大专院校、科研院所建立合作关系。

4.3.3.3　在创新体系建设方面制定相当强有力的扶持措施

政府及相关部门在创新的软能力建设上,应出台一系列鼓励和促进政策;另一方面,通过设立高新技术企业发展基金、重大科技产业配套扶持资金、中小企业创新资金、留学人员创业扶持资金、名牌产品奖励资金、风险投资引导资金等专项资金,引导扶持高新技术企业实施创新活动。

4.4　黑龙江高新技术企业创新实现能力子系统

4.4.1　高新技术企业创新实现能力的内涵

企业创新的实现能力主要负责将企业的创新知识转化为创新产品。其系统设计应该充分结合相关规范要求,通过样品生产、工业试验等措施进行创新知识的试生产,将其转化为具有实用价值的实体。具体而言,就是企业需要对现有的生产流程、设备及生产人员进行调整。这部分子系统是企业创新能力的基本保障,也是企业实现创新价值化的关键部分。

4.4.2　高新技术企业创新实现能力的实现方式

高新技术企业的创新是一项重要且紧迫的战略任务,必须通过全面的规划和大力的推动才能实现。

4.4.2.1　全面发展创新的各种创新方式

高新技术企业的创新是一种科学技术的创新方式,具体而言,主要包括三方面:第一,原始创新。通过努力,获取更多的科技发明。通常情况下,原始创新会带来科技的质的飞跃,是科学技术创新能力提高的重要基础。第二,集成创新。通过各种科学技术的结合,形成具有优势竞争力的新技术或产品。在当前的科技发展中,集成创新是一种重要的途径,需要围绕一些关联性较强的产业进行战略产品的带动或重大项目的突破,通过各种技术的融合,实现该领域的关键性基础突破。第三,引进吸收再创新。在充分结合国外先进技术的基础之上,进行再创新。在现阶段经济全球化的能力下,企业的创新必然会开展相应的对外科学技术交流与合作,通过引进先进技术消化和吸收,然后建立自身的创新机制,形成自身的科技成果。

4.4.2.2　充分发挥实施创新战略的有利能力的作用

现代化、信息化、工业化的发展实质上也是一个创新的发展过程。黑龙江省要想实现现代化、工业化发展必须从根本上进行创新。改革开放以来,经过多年的发展,黑龙江省已经初步具备了符合创新的设施条件与政策能力。无论是经济领域、科研领域,还是信息领域的发展,都无外乎是一个不断创新、不断完善的过程。因此,明确发展思路对于整体的创新的意义是非常巨大的。只有当按照整体思路进行前进的时候才能保证发展的速度最快,使发展的力量被集中在一个点上进行释放,从而达到最终快速发展的目的。

4.4.2.3 不断加强黑龙江省创新体系的建设

创新有着多层次和多方面的要求。要想建设良好的创新能力,必须从政府层面对创新要素进行整合,建设黑龙江省的健全创新体系,为创新过程提供科学的组织保障。从根本上来讲,人民是创新的主体,建设学习型社会、创新型社会需要全民配合。不单重大的科学技术发明或进步是创新,小的创造性成果也是创新。但无论是重大的发明还是微小的改进,都需要全社会人民充分发扬改革创新的时代精神。在创新过程中,一些企业或机构组织是创新的载体,具体包括大学科技园、科研机构、企业研发组织及社会技术中介组织等。

4.4.3 高新技术企业创新实现能力的构成

4.4.3.1 高新技术企业产品创新

高新技术企业的产品创新主要指的是企业在自身具有自主知识产权的核心技术和产品的基础之上进行改造,提升产品价值的过程。换言之,就是将内部的技术进行改进与突破,摆脱技术模仿与引进的局限,通过自身的自主力量进行产品的独立研发,其实质就是掌握自身核心科技的主动权,通过自身核心技术进行产品的生产。高新技术的发展想要达到经济利益最大化,那么就必须将高新技术转化成产品这一阶段做到极致。

4.4.3.2 高新技术企业工艺创新

高新技术企业在工艺方面的创新主要指的是企业在自身具有自主知识产权的核心技术基础之上对产品的生产工艺进行突破和改进,以摆脱自身技术模仿与引进的局限,通过自身独立研发的工艺进行生产活动,其实质就是掌握自身核心科技的主动权,通过自身核心工艺进行产品的生产。在工艺方面的革新方面,利用相应的新的理论知识对现有的生产环节进行整改,以保证整体的突破。生产环节工艺改进大致可以分成两种方式,第一种方式是改变传统的工艺思想,将整个工艺流程进行缩减,以提高效率。第二种方式是通过用新的工艺流程取代原有的工艺流程,达到整体改进的目的。

4.4.3.3 高新技术企业设备创新

高新技术企业在设备方面的创新主要指的是企业在自身具有自主知识产权的核心技术基础上,通过改进产品生产设备来提高生产力,摆脱技术模仿与引进的局限性。

4.5　黑龙江高新技术企业创新扩散能力子系统

4.5.1　高新技术企业创新扩散能力的意义

在高新技术企业创新中,创新扩散能力主要负责创新产品的销售和市场化建设。此部分系统设计应该充分结合创新产品的知识和销售模式,通过销售环节的努力将创新产品应用于市场中,并充分挖掘其创新价值。然后以此为基础,大力挖掘产品内涵,并形成具备自主知识产权的创新品牌,使广大受众认同。

4.5.2　高新技术企业创新扩散能力的方式

4.5.2.1　高新技术企业创新营销网络扩散

当今社会是个网络十分发达的社会,网络信息遍及千家各户,通过网络可以传播高新技术企业的创新成果,从而创新成果转化为现实际上生产力。

4.5.2.2　高新技术企业创新媒介扩散

高新技术企业的创新成果可以通过电视、电台、报纸、杂志等媒介扩散,而且这些媒介的受众面广泛,从而可以最大范围地扩散高新技术企业创新的成果。网络具有传播速度快、受众广、资金需求少、技术要求低、互动性强等特点。让这些特点与产品特点相结合,给予噱头,赚足消费者的眼球,就可以充分扩大市场。因此,网络营销可以说是当今社会最有效的营销方式。

4.5.2.3　高新技术企业创新人工扩散

高新技术企业的创新成果可以通过营销人员的宣传、宣传会、发布会等形式发布。这种宣传方法能给予消费者最大的安全感,同时也可以最大限度地打消消费者的顾虑。这种方式最为直观,但是人力成本现在越来也高,这种扩散的方式的成本也是越来越高,因此,使用率也开始逐渐降低了。

4.5.3　高新技术企业创新扩散能力的内容

4.5.3.1　高新技术企业创新产品扩散

高新技术企业创新的最终目的是为了提高企业的市场竞争力,使企业在日趋激烈的市场竞争中占据优势地位,通过创新使企业的产品与市场上的其他产品有差异,通过这种差异化,将企业的产品销售出去,从而使企业获取经济利益。所以,在高新技术企业创新扩散工作中,产品扩散是其核心内容。

4.5.3.2 高新技术企业创新品牌扩散

高新技术企业要想长久生存,靠的就是企业的品牌和信誉。企业的品牌和信誉深入人心,从而使企业可以获得长期的经济利益。因此,高新技术企业创新品牌的扩散是高新技术企业创新扩散的坚实保障。

4.6 本章小结

本章主要对黑龙江高新技术企业的创新能力进行了深入探索和分析,有助于了解高新技术企业战略管理的深层次内容,促进高新技术企业合理配置资源进而获得市场竞争优势。本章以高新技术企业创新四个子系统为研究对象,分别对决策能力子系统、开发能力子系统、实现能力子系统和扩散能力子系统各自的内涵、途径、内容进行了分析,为进一步研究各子系统的运行机制提供了基础。

第5章　黑龙江高新技术企业创新能力系统机制

5.1　黑龙江高新技术企业创新能力系统机制分析

本书所论述的黑龙江高新技术企业创新能力系统机制，是指构成创新能力系统的决策机制、开发机制、实现机制和扩散机制子系统相互作用、相互制约、相互协调的过程，是四个子系统分工、互补、联合、整合的过程，如图5.1所示。从本质上来看，创新是一种经济活动，创新能力系统机制主要指的是对创新能力的制度化实现产生助力，是确保企业有效进行创新的重要环节；从创新主体的角度来看，其机制主要包括宏观调控机制、科学技术机制和产业机制；从创新过程的视角来看，主要包括科研开发机制、技术扩散或转移机制、技术引进吸收创新机制及科技成果转化机制；从创新的能力影响因素角度来看，主要包括人才机制、市场机制及投融资机制等。对于改善企业的创新能力而言，创新能力机制是一种重要的保证，如果没有机制保证，就无法从根本上改善企业的创新能力。即使企业有创新，但是仍沿袭着陈旧的制度，高新技术也无法得到有效的推广和应用。对创新有利的制度能够使各种经济行为更加容易管理，并降低创新过程中存在的不稳定因素，为企业提供稳定的创新能力。通过制度化的系统组织形式，能够使创新过程更加集中，更加迅

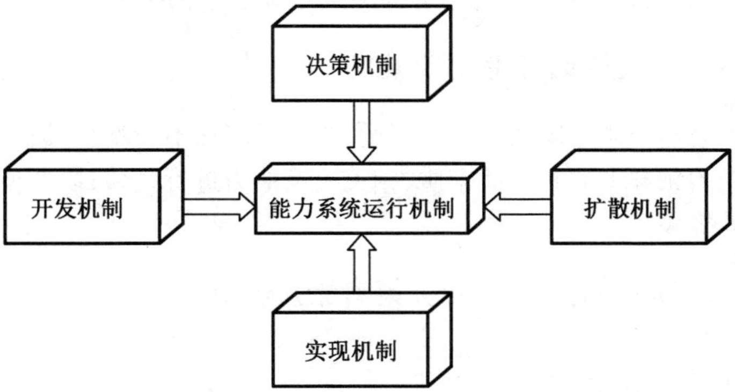

图5.1　高新技术企业创新能力系统机制

速,为创新提供有效的激励系统。如果制度得以创新,即使高新技术无法短时间内产生,也必然会在良好的创新制度下充分发育。但并非所有制度都会推动产业的创新,也有可能对产业的创新形成阻碍,因此制度应该结合实际情况进行适当的调整。

5.2 黑龙江高新技术企业创新决策能力子系统机制

5.2.1 高新技术企业创新决策者能力分析

5.2.1.1 决策者的领导艺术能力

一个具有创新性思维的领导者所产生的作用绝不会单纯地依赖其所处于的位置以及手中所握有的权利,通过对其自身进行艺术风格的培养以及创新会使领导者的行为魅力与气质大大提升。拥有属于自己的独特气场通常能够使领导者更加容易掌控成功的方向。体恤下属、真诚待人、谦虚和善的领导者往往会深得下属的拥护,会更加激发下属的工作热情;有胆识、有想法、有远见、敢担当,严于律己的领导必定有足够的号召力和凝聚力,能够带领团队班子拼搏奋斗并树立其绝对的威望。

5.2.1.2 决策者的领导创新精神能力

一般来说,能够带领自己的团队不断开拓进取、敢于创新的决策者或领导者都具有较强的创新意识和创新精神。在一个创新团队中,只有领导者对自己的属下能够充分的信任,敢于用人,才能让团队中的人才发挥出应有的作用,将其团队的整体力量发挥出来,以此促使其创新活动更加有动力,更加有激情。

5.2.1.3 决策者的领导建设能力

关于一个公司中领导团队的建设问题,决策者应该不断增加其投入力度,采用多种方式对相关领导者的各方面素质、相关决策能力进行完善,以此使其管理水平得到进一步的提高。

5.2.2 高新技术企业创新决策者素质分析

5.2.2.1 决策者的理性素质

决策者要具有较高的理性程度和较为强烈的事业心,高新技术企业创新决策者通常都是事业心较强,理性程度较高的人员,他们更加相信凭借自身努力会实现更高的目标,以满足自身的认同需求和成就需求。

5.2.2.2　决策者的追求成功素质

决策者要注重个人发展的定位,追求个人事业的成功,重视个人发展空间,从而使他们体验成功,从中获得成就感,激励其创新积极性。高新技术企业的健康发展与创新科技人员的努力密不可分。同时,科学技术人员的自身发展也离不开企业的整体发展,二者之间是相互依存,相互推动的,在目标上一致。

5.2.2.3　决策者的规划素质

通过对工作人员的合理职业规划,能够将企业的发展与工作人员的发展有机融合到一起。调整个人的发展目标与企业的整体发展战略,不但能够提高企业人员的向心力、凝聚力,而且能够有效促进组织利益的实现,增强创新的有效性。

5.2.3　高新技术企业创新决策机制分析

创新的实质是通过公司的决策层将创新提升到公司长期发展的战略高度,并制订相应的规划;而后市场部门通过对市场数据调研,得出第一手的准确数据,加以整理后交给技术研发部;技术研发部通过这些相关数据决定研究方向,制订相关的研究项目,并着手研究,将研究成果交给生产部门加以验证;生产部门通过大量的实践,验证研究结论的准确性,然后将创新产品交给市场部进行推广;相关的营销部门制订专业的营销方案,通过之后的市场占有率和投资回报率来确定相关研究方向的准确程度,最终反馈给公司领导层,制订下一阶段的研究方案。只有通过这种方式制订的战略规划,才能保证公司的长久生命力。最终达到高新技术企业整体创新决策环境进步的目的。

5.2.3.1　决策分配机制

决策系统并不是一个个体能够完成的,因此如何完善决策系统,对其进行系统的分配就显得尤为重要。将决策的权利下放给各个相关部门,并赋予相应的工作,让权责对应,同时还要给予他们相应的经济回报,通过各项指标的完成情况,来判断最终他们应该获得的劳动报酬,这样便会调动相关人员的主观能动性,最终达到促进高新技术决策系统分配体制的目的。

5.2.3.2　决策激励机制

这一体系中应该包含工资、绩效奖金、相关福利、年终分红等,通过合理的方式对员工进行奖励可以让员工保持竞争意识。每个人都希望自己可以获得最大的收益,那么公司就可以在这一部分做出规划,在为员工提供福利的同时也为公司的发展积蓄力量。

5.3 黑龙江高新技术企业创新开发能力子系统机制

5.3.1 高新技术企业创新开发能力子系统执行主体的构成

从宏观的角度来讲,黑龙江高新技术产业创新的三大主体为企业研发机构、重点科研机构和研究性大学。三者的相互协作,共同推动着黑龙江高新技术企业的创新发展。

5.3.1.1 黑龙江省高科技企业集团的研发机构

黑龙江高科技企业集团研发机构主要功能:一是大力组织科技攻关,加强技术创新,并大力推广创新成果的实践应用;二是科技开发与创新要充分结合市场需求,大力引进先进技术和工艺,大规模生产新产品并投入应用,实现企业的创新效益。

在高新技术产业的创新体系中,企业集团占据着核心地位,也是创新主体。在创新过程中,企业集团有着主导作用,扮演着主要的社会角色,这也是发达国家在此方面的实践论证。只有将企业作为创新主体,才能够确保创新的持久力和生命力。

5.3.1.2 事业性重点科研机构

黑龙江高新技术产业以整体的市场效益为出发点,将具有战略性、公益性的跨国研究中心或科研机构作为事业型重点科研机构。这类型的科研机构主要承担重大、远期研究项目的责任,并通过科技资源的浓缩实现创新知识的传播和扩散。科研机构应该集中力量,立足于黑龙江省当前情况,将市场作为核心,将经济效益最大化作为最终目标,完成相应的技术革新。因此,科研机构可以说是整个创新过程中最为关键的,一切研究都必须以科研机构的开题研究为起点,以最终结题报告作为结尾。因此,如何保证相关科研机构的整体实力不断上升,给予科研机构最为优质的环境就成了黑龙江创新发展高新技术的工作重点。

5.3.1.3 研究型高等院校

在高新技术企业的创新体系中,高等院校一直是创新的源泉,在基础研究及实践应用方面做出了极大的贡献,通过对新思想、新理论的探索和对创新型人才的培养,为黑龙江省高新技术产业创新发展发挥了极大的作用。高等院校有着科研能力,但其并没有将科研成果市场化的功能。这也决定了其只能作为高新技术产业创新的辅助。因此,高等教育机构可以说是创新的原动力所在,但并不是真正的攻坚力量。

5.3.2　高新技术企业创新开发能力子系统执行主体的链接机制

5.3.2.1　开发能力子系统执行主体的链接机制

从上文分析可以得出,在高新技术企业的创新过程中,各个不同的执行主体或辅助执行主体在功能和作用上存在一定差异,通过三者之间的共同协作,为高新技术企业的创新提供助力,共同形成高新技术企业创新执行主体链接机制,如图5.2所示。

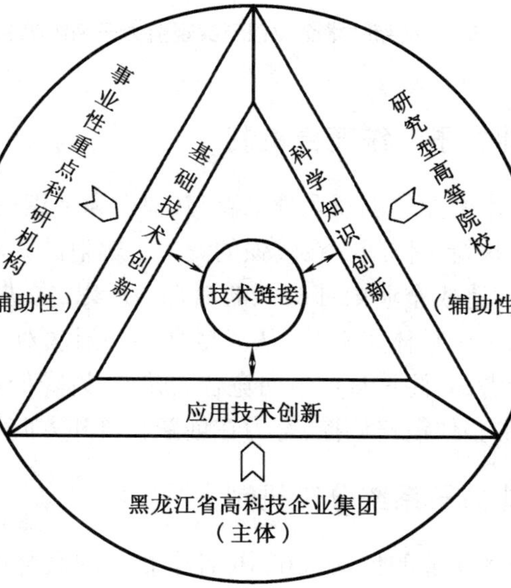

图5.2　高新技术企业创新执行主体链接机制

在高新技术企业的创新过程中,事业型重点科研单位主要负责基础开发和创新研究,并通过各种技术理论,对高新技术的本质及其特征进行深化,从而进一步创新产品生产的工艺和操作。研究型高校主要负责创新知识的研究,并培养和培训创新科技知识的人才,作为企业创新的辅助执行主体,它是创新的源泉。企业集团是执行主体,主要功能是将最新的科研成果推广或投入到实际应用中。

5.4 黑龙江高新技术企业创新实现能力子系统机制

高新技术企业创新实现能力子系统机制如图 5.3 所示。

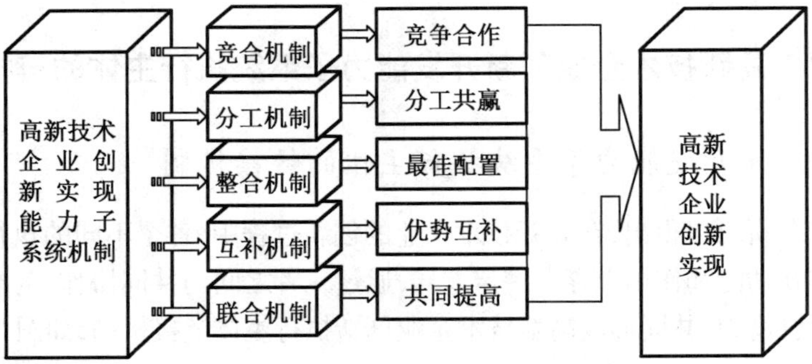

图 5.3　高新技术企业创新实现能力子系统机制

5.4.1　实现能力子系统竞合机制

从黑龙江高新技术企业的创新系统来看,其辐射和聚集功能有着一定的重叠,导致系统内部的各个执行主体间存在较强的竞争。辐射的影响使创新结构存在着极其严重的同构问题,造成企业内部极大的消耗。所以,在进行创新系统规划时,必须将创新系统作为一个整体来对待,从战略高度和层次对企业间的创新合作及利益冲突等问题进行考虑,注重从竞争向竞合的转变,以降低竞争造成的内耗。此外,还应该重视企业的整体策略调控,努力在创新利益和方向上达成共识。

5.4.2　实现能力子系统分工机制

在黑龙江高新技术企业的创新系统中,各个企业的联合协作一直都受到行政区的限制,很难建立健全的分工协作体系。站在经济学的角度分析,对创新能力的整合应该以长远利益作为出发点,切实提升创新系统整体利益。所以,在黑龙江高新技术企业创新发展过程中,应该以合纵连横作为基本方向,努力实现优势互补,协作共赢的局面。从整体上来看,黑龙江高新技术企业的创新竞合需要行政区、资金、政府、市场、人才等各方面因子共同作用才能实现。

5.4.3　实现能力子系统整合机制

从实质上来看,不同产业的创新竞合可以通过政府政策、市场能力进行整合。

在黑龙江高新技术企业创新发展过程中,政府可以通过行政、文化、竞争条件、制度、人才等各方面能力的整合和改善来进行有力推动。在公平、公正的政府宏观调控和支持下,各个创新主体之间遵循市场经济规律公平竞争,这样才能真正实现各方面因子对高新技术企业创新能力整合的促进目标。随着现代市场竞争的日益激烈,各创新主体的竞争呈现出可创造性和不稳定性的趋势,只有有效实现竞合才能对黑龙江高新技术企业的创新系统力量进行整合,这也是市场经济形势下黑龙江高新技术企业创新系统能够提高市场竞争力的关键所在。

5.4.4 实现能力子系统互补机制

随着社会创新领域的快速拓展,黑龙江高新技术企业的创新系统资源也在不断积聚,其内部和外部将产生更多的分工与互补关系。其中,创新系统内部的分工不但表现为创新能力和水平的对比,而且也表现在创新系统的结构和规模;来自创新系统外部的创新分工主要表现为不同领域和方向的业务活动。在黑龙江高新技术企业创新发展中,能力整合是基于创新活动分工之上的,通过不同领域和方向的互补促进了各创新要素的交叉辐射,从而实现了创新系统内部和外部的优势互补,协作共享。

5.4.5 实现能力子系统联合机制

在黑龙江高新技术企业创新系统中,各种创新活动的分工并不是单纯追求组织结构的分工,而是以各创新核心执行主体和社会创新主体之间的有效结合为主,从整体上建立高新技术企业的创新系统,建立完整的技术链和分工链。黑龙江高新技术企业创新能力空间整合本质上也是为了建立这种合理的分工体系,使得黑龙江高新技术企业创新能力获得整体的提升。现阶段创新的网络化发展不断加速,创新也越来越开放。所以,不同的创新主体之间可以根据对比优势的原则进行分工。基于创新网络化的黑龙江高新技术企业创新系统演化的方向便寻求这种高度的创新劳动分工与协作,最大限度地降低内部的创新成本,从而赢得创新优势。

5.5 黑龙江高新技术企业创新扩散能力子系统机制

5.5.1 创新扩散能力子系统产品机制

5.5.1.1 产品开发机制

高新技术企业开发高新技术产品要符合市场需求,产品才有销路,企业的投资才有回报。因此,要对产品的开发进行充分的调研,切不可盲目开发,导致资源的浪费。

5.5.1.2 产品质量机制

对于企业而言,产品的质量就是生命,只有生产高质量产品,企业的生命力才能持续,否则企业难以生存发展。

5.5.1.3 产品规格机制

产品规格是指介绍产品的成分、性能、品牌、产地、型号等产品的基础数据。这些基础数据要真实、可靠,切不可弄虚作假,否则会伤害消费者的利益,进而会损害企业的形象。

5.5.1.4 产品性能机制

产品的性能主要指的是产品能够实现目标或用途的能力。无论什么产品都有着独特的用途或目的。性能要明确,才能形成良好的产品性能机制。

5.5.2 创新扩散能力子系统品牌机制

5.5.2.1 品牌开发机制

品牌开发主要是指形成品牌的初期或将其投入市场化的更新时,加强品牌的成长及其生命力的过程,也可以称之为创立品牌。在品牌的开发过程中,首先应该进行准确的定位,确定其发展的方向于个性;然后根据定位进行品牌名称和形象的设计,要与其他品牌区分开来,以便于消费者感受到品牌的独特性。本土化的品牌开发注重品牌的跨国经营过程中充分重视当地文化背景及市场情况,掌握当地的语言、消费习惯、生活需求,尤其是当地人的购物需求,这样才能够确保品牌开发的成功,为企业的品牌经营奠定坚实的基础。

5.5.2.2 品牌维护机制

品牌维护主要指的是企业在外部市场能力变化的形势下,对自身产品品牌的形象和市场地位进行一系列维护活动的过程。作为企业与消费者连接的桥梁或载体,品牌受到企业的高度重视。但要想使品牌具有较强的市场竞争力,不是靠某一段时间就能够实现的,很多企业为了实现短期目标而不能正确理解品牌建设,贪图短期利益,而失去了理性的前瞻性维护,使得品牌被市场淹没。所以,在现代市场竞争中,对自身品牌进行维护是企业必不可少的工作。

5.5.2.3　品牌推广机制

在树立品牌和维护的过程中，品牌的推广是极其重要的环节，具体而言，品牌推广主要包括传播计划和执行、品牌评估、品牌跟踪等。即使一个品牌有着极好的创意，但如果缺乏有效地推广也无法成为知名、强势的品牌。在进行品牌推广过程中，关键之处在于以品牌的核心价值为基础进行一切传播活动的策划。品牌推广就必须要以品牌核心价值统帅企业的所有营销传播活动，即任何一次营销广告活动如产品研发、包装设计、广告、通路策略、终端展示甚至接受媒体采访等，都要演绎出品牌的核心价值。这样，消费者在任何一次接触品牌时都能感受到品牌统一的形象，对企业来说，也意味着每一分的营销广告费都在加深消费者对品牌的记忆。在品牌推广方面，麦当劳是做得最好的企业，麦当劳在全世界的所有店面都保持着一致的风格，只要顾客走进麦当劳快餐店，就能够感受到统一的品牌感染力。

5.6　黑龙江高新技术企业创新能力整合机制分析

5.6.1　黑龙江高新技术企业创新能力整合的内涵

整合这一名词最早起源于地质学，目前已经在社会、经济等学科和领域中广泛应用，并大多作为动词使用。黑龙江高新技术企业创新能力整合是指在黑龙江高新技术企业创新行为主体在追求创新的探索与实践发展中，为提高创新成功的概率，更好地实现创新成果与需求之间的对接程度，达到有效配置创新资源并与外部各行为主体形成优势互补，提高企业的创新能力和市场竞争力，建立创新模式，提高资源运用能力等的战略调整的过程。

5.6.2　黑龙江高新技术企业创新整合的基本特征

5.6.2.1　动态性

创新能力的整合发展有着极强的复杂性和不确定性。黑龙江高新技术企业创新能力整合与其他相关创新系统的创新执行主体和辅助主体发展有着直接的关系，其他创新主体的发展会对企业创新能力的整合起到极大的推动作用，而企业创新能力的整合发展也会在很大程度中促进其他创新主体或辅助主体的发展，二者相互依存，相互促进。在黑龙江高新技术企业的创新能力整合中，不同阶段有着不同的特征，而且与企业创新系统的各个创新要素和创新主体有着紧密的联系，为此创新系统需要在复杂的能力作用下加大开放力度，并不断地进行调整，以保持稳定的发展。

5.6.2.2 整体性

黑龙江省高新技术企业创新系统是建立在国家创新体系基础之上的一个子系统,其本身也是一个整体,包括了各种所需的创新要素和资源,且各个创新主体之间在发展过程中相互协作、影响与制约,有时局部的发展也会给整体发展带来一定的影响。黑龙江高新技术企业创新能力整合的主要目的是为了通过改善创新能力来推动创新系统的整体发展。这就需要创新系统中各个创新主体、要素应该以黑龙江高新技术企业创新系统整体发展的视角进行研究和调整,制定与创新系统整体发展和利益相符合的局部发展战略。

5.6.2.3 可控性

在黑龙江高新技术企业创新发展中,由于企业的产业性质存在极大的特殊性,很多情况下创新能力的整合是作为政府行政行为而进行的。这种整合是建立在社会主义市场经济发展的基础之上的,以当地高新技术企业发展为目标,通过政府政策、制度及相关调整和控制来带动企业创新能力的发展,从而实现创新系统从杂乱无章到井然有序、从不健全到健全、从局部到整体的发展。

5.6.2.4 关联性

在黑龙江高新技术企业创新系统发展过程中,创新能力的水平越高,创新系统的内外部关联就会更强。对创新系统进行全方位、多元化、多层次的整合就是以创新系统中的执行主体为关键,不断增强各个主体之间以及其余外部创新要素之间的关联,构建新的发展理念和体系,以推动黑龙江高新技术企业创新系统的整体发展。

5.6.3 黑龙江高新技术企业创新整合的空间过程及其关系

在黑龙江高新技术企业创新能力整合过程中,不仅要重视各个创新主体和要素之间发展不平衡的问题,以及各主体之间由于恶性竞争而造成的内耗问题,还要不断强化各创新要素的流通和配置,不断扩展黑龙江高新技术企业创新能力发展的空间,带动黑龙江高新技术企业创新系统的整体发展。从空间上来看,创新能力的整合在一定程度上反映了黑龙江高新技术企业经济的关联与传递、互补与分工、组织与竞合。这种空间过程将会促进创新主体之间持续进行联系与传递,使得企业主体之间的竞合更加深入,从而形成复杂化、多层次、多元化的黑龙江高新技术企业创新系统。黑龙江高新技术企业创新能力整合机理如图 5.4 所示。

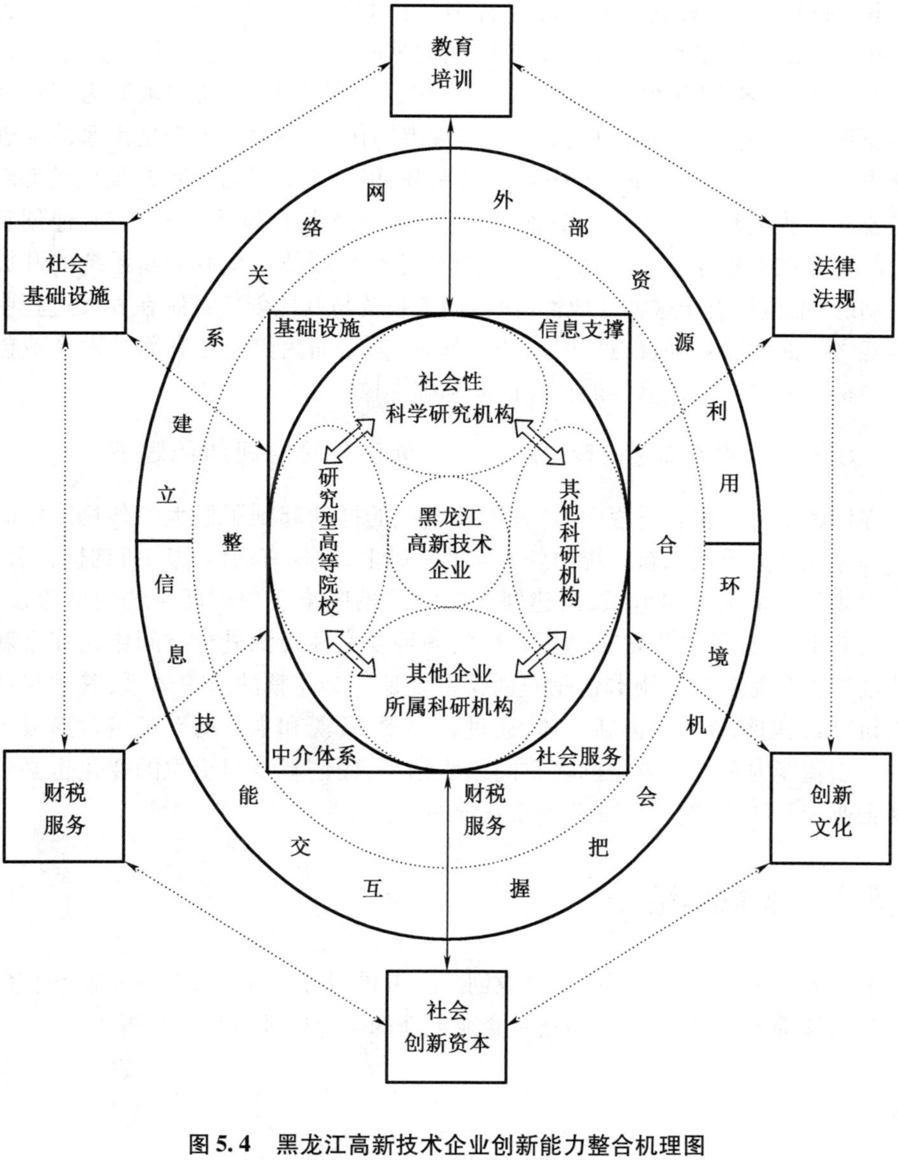

图 5.4　黑龙江高新技术企业创新能力整合机理图

5.6.3.1　黑龙江高新技术企业创新整合的空间联系与传递过程

在黑龙江高新技术企业创新发展过程中，创新系统与外部的执行系统和辅助系统在组织结构功能等方面存在着相互协作、互补及制约的作用，相互之间存在一定的影响。从创新空间角度来看，黑龙江省的高新技术企业创新系统空间呈现出横向和纵向联系，而对创新能力的整合则起到对影响进行传导、辐射及对流的作用。从黑龙江高新技术企业创新系统空间的纵向联系来看，与其他创新执行系统、辅助系统、需求者、资源供应者之间有着较强的内在连接，创新需求者为创新发展提供新思想，且能够将创新的成果及时实现市场化和效益化；创新辅助系统为创新系统提供必要的法律、咨询、培训、中介等服务；资源供应者为创新系统提供创新必需的要素。从黑龙江高新技术企业创新系统空间的横向联系来看，与其他创新系统之间也存在着相互连接的机制，这是由黑龙江高新技术企业创新系统的开放性所推动的，也正是由于这种开放性，使得创新系统与其他创新系统在发展过程中实现相互之间的优势互补、信息共享、协作研发等，从而为黑龙江高新技术企业创新系统的整体发展和系统格局的整合形成基础支撑。

5.6.3.2 黑龙江高新技术企业创新整合的空间组织过程

在创新能力的整合过程中，各种创新组织的推动起到了极大的作用。空间组织过程是在充分重视创新系统内外差异的基础上，对现有的组织和机构进行分析，通过优化创新系统空间组织，构建健全的空间秩序来实现创新系统的健康发展。从实质上来看，这种过程是对创新系统的各种要素和资源进行空间优化和重新配置的过程。黑龙江高新技术企业的创新系统是一个完整的组织体系，其中包括各种创新要素、创新资源和创新主体，通过各要素、资源和主体的有机组合形成创新过程。创新能力整合会影响创新空间组织结构，而创新空间组织的变化也必然会推动企业创新能力的整合，推动创新系统的整体发展。

5.7 本章小结

本章分析了黑龙江高新技术企业创新决策机制、开发机制、实现机制和扩散机制。在此基础上，对黑龙江高新技术企业创新的整合机理进行了分析。

第 6 章　高新技术企业创新能力评价指标体系与评价方法

6.1　高新技术企业创新能力评价指标体系构建

在高新技术企业创新能力发展中，由于存在着多层次、多方面的制约因素，要想准确体现出企业的创新能力，就必须结合当前创新发展需求，制定科学的创新能力评价指标体系，并最大限度利用现有的数据，以全面反映高新技术企业的创新能力。指标体系的规模应该合理把握，如果指标缺乏，虽然评价工作较为简单，但很难全面反映出创新能力发展情况；如果指标太过繁杂，则会增加评价工作的难度。本章中笔者采用层次分析法进行主要指标的识别和筛选，然后构建科学、简便的创新能力评价指标体系。

6.1.1　高新技术企业创新能力评价指标体系设计原则

高新技术企业创新能力初步形成之后，要想对其能力效果进行客观的评价，就需要合理地选择评价指标。如果缺乏代表性的评价指标和相关标准，评价工作将会极其困难。这主要是由于评价具有其独特的优点，但也有局限性，每一个评价指标都有其产生的背景。所以，在选择指标时需要一个标准，这个标准就是选择评价高新技术产业创新能力效果指标基本的原则。

6.1.1.1　系统性原则

在进行指标的选择时，应该对各个指标间所具有的相互联系进行充分的考虑，而不单单只是简单的罗列与重组。在本章中，主要利用了层次分析法对其分层分析，将其共分为了三层，分别是目标层、准则层以及策略层。为了能够保证所有评价指标都具有自身独立性，并且能够将其自身的全部信息量充分释放，必须要参照坚持系统性的原则。指标群主要由众多单独的指标所共同组成，能够反映出高新技术企业的某一方面的实时状态情况；最后，将各类指标群进行科学合理的组建，以此形成比较系统的评价指标体系，将高新技术企业创新环境的真实整体水平充分地反映出来。

6.1.1.2 可比性原则

要想使横纵对比分析的准确性得到保证,需全面仔细地掌握其评价指标体系中指标含义、范围和相关的统计手法。采用标准处理法来对主管指标进行处理,以此对指标系统进行相关的综合判断。在进行评分过程中应充分利用其可比性的特性,进而能够对创新环境体系进行全局性评价。

6.1.1.3 重要性原则

重要性原则有两层含义:一是如果某项指标的收集成本较大,但该指标极其重要,则应继续收集该项指标进行评价。二是,充分结合全面性和重要性原则。对高新技术产业创新能力效果的整体水平评价,应该重视不同方面和侧面的指标。当然,如果指标体系太过系统化,则会使评价存在极大难度。因此,指标体系应该选择一些重要方面的指标,而并非全部指标。

6.1.1.4 全面性原则

针对高新技术企业创新能力实际效果的整体水平评价,所选择的指标体系应该全面反映出企业创新能力的重要性及其综合水平。具体而言,包括两方面:第一,应该充分考虑各个指标之间存在的联系,从而使创新能力实际效果的评价更为系统;第二,指标体系的选择应该综合企业创新的各个重要方面,以作出准确、全面的高新技术产业创新能力效果水平评价。

6.1.1.5 定性定量相结合原则

在对高新技术企业创新能力评价指标的选取上,采用定性和定量相结合的原则,定量主要是反映规模、经济方面的数据;定性主要是反映经验、特点等难以量化的数据。结合高新技术企业创新能力的特点和现有数据的现状,通过专家打分、问卷调查等方法对指标定性定量能更好地反映高新技术企业创新能力。尤其在选择高新技术企业创新环境的相关评价指标时,应采用定量与定性相结合的原则,定量能够对相关的数据信息进行反映,而定性可以解决一些疑难问题数据。

6.1.2 高新技术企业创新能力评价指标体系设计框架

高新技术企业创新能力是多层次、复杂的动态系统,只有全面、系统、科学地设计评价指标体系,才能准确反映高新技术企业创新能力的实用性。高新技术企业创新能力由决策能力子系统、开发能力子系统、实现能力子系统和扩散能力子系统构成，按照相应的层级结构建立高新技术企业创新能力评价指标体系的基本框架。

6.1.2.1　总目标层

在此层次的元素只有一个，通常是对问题的预定目标和理想结果进行分析，所以也可以称之为目标层，能够预测和分析高新技术企业创新能力的好坏。

6.1.2.2　分目标层

这个层次包括为实现目标所涉及的中间环节，它可以由若干个层次所构成，将高新技术企业创新能力的评价目标进一步分解，可分为高新技术企业创新决策能力子系统、开发能力子系统、实现能力子系统和扩散能力子系统四个分目标层。

6.1.2.3　准则层

这个层次主要为必要的准则，所以称之为准则层。

6.1.2.4　指标层

这个层次主要表现为基于目标实现而制定的各种决策方案和具体措施，因此为措施层，也可以称之为方案层。

6.1.3　高新技术企业创新能力评价指标体系构建

当评价主体对于评价的准确性和精度要求较低的情况下，可以采用一级和二级主要指标进行综合的评价；如果评价主体对评价的准确性和精度要求较高，则需要充分了解哪方面存在问题，哪方面做得较好，这就需要对各个指标进行综合评价。本章中采用了全套的指标体系，有着较好的效果。根据指标的选择原则，并充分结合上文中对黑龙江高新技术企业创新能力的研究，本章采用逐层细分的方法，结合大量文献的相关专家学者建议，构建出高新技术企业创新能力评价指标体系，这套初选评价指标体系由 3 个层次、16 个方面和 68 项指标构成，如表 6.1 所示。

表 6.1　高新技术企业创新能力初选评价指标体系

一级指标	二级指标	三级指标
高新技术企业创新决策能力子系统	政策能力(A_1)	政局稳定性(A_{11})
		政策连续性(A_{12})
		政策实施能力(A_{13})
	经济能力(A_2)	企业经济实力(A_{21})
		经济发展水平(A_{22})
		年度科研经费支出(A_{23})
		产业结构水平与方向(A_{24})
	人力能力(A_3)	决策者的创新意识(A_{31})
		管理者的决策水平(A_{32})
		科研人才规模(A_{33})
		企业科研人才素质(A_{34})
	法律能力(A_4)	法律法规的完善程度(A_{41})
		政府的扶持力度(A_{42})
		国家的法律保护(A_{43})
高新技术企业创新开发能力子系统	创新开发能力状况(A_5)	企业的技术地位(A_{51})
		高新技术企业进入的难易程度(A_{52})
		相关部门的工作效率(A_{53})
		社会人才的教育水平(A_{54})
	创新开发资源投入能力(A_6)	技术人员占员工的比重(A_{61})
		高科技人员占技术人员的比重(A_{62})
		R&D 经费占企业利润百分比(A_{63})
		R&D 经费占工业总产值的比重(A_{64})
		R&D 经费占企业支出百分比(A_{65})
	创新开发过程能力(A_7)	在研的创新产品数量(A_{71})
		创新研发的风险成本(A_{72})
		创新产品的市场预期(A_{73})
		创新相关技术信息的获取(A_{74})

表 6.1(续)

一级指标	二级指标	三级指标
高新技术企业创新开发能力子系统	创新开发产出能力(A_8)	创新产品产值占工业总值比重(A_{81})
		创新产品销售利润占企业总利润的比重(A_{82})
		创新产品的研发周期(A_{83})
		创新新产品的数量(A_{84})
		创新过程中申请专利数占总研发项目的比重(A_{85})
高新技术企业创新实现能力子系统	市场能力(A_9)	创新产品市场占有率(A_{91})
		创新产品出口额占总出口额的比重(A_{92})
		创新产品市场竞争(A_{93})
	知识产权保护能力(Aa)	创新专利保护(Aa1)
		创新产权出售保护(Aa2)
		创新产权保护监控(Aa3)
	产权风险预警能力(A_b)	创新产权扩散风险分析(A_{b1})
		创新产权扩散风险监测(A_{b2})
		创新产权侵权风险分析(A_{b3})
		创新产权侵权风险监测(A_{b4})
		创新产权被侵权风险分析(A_{b5})
		创新产权被侵权风险监测(A_{b6})
		创新产权风险监测机制(A_{b7})
	产权危机处置能力(A_c)	创新产权危机处置机制(A_{c1})
		创新产权危机处置方案(A_{c2})
		创新产权危机响应情况(A_{c3})
		创新产权危机防范情况(A_{c4})
		创新产权纠纷处置情况(A_{c5})
		创新产权危机评估情况(A_{c6})
		对现有危机处置情况(A_{c7})

表 6.1(续)

一级指标	二级指标	三级指标
高新技术企业创新扩散能力子系统	营销能力(A_d)	新产品推广与促销能力(A_{d1})
		市场规范度(A_{d2})
		营销人员的素质(A_{d3})
		营销人员的人际关系(A_{d4})
	知识产权运营能力(A_e)	运营人员的业务水平(A_{e1})
		企业运营机构的完善程度(A_{e2})
		运营方案(A_{e3})
		运营制度的规范程度(A_{e4})
	产品能力(A_f)	产品的差异化程度(A_{f1})
		产品的满意度(A_{f2})
		产品的质量三包情况(A_{f3})
	品牌能力(A_g)	创新产品品牌价值(A_{g1})
		创新产品品牌声誉(A_{g2})
		创新产品品牌满意度(A_{g3})
		创新产品品牌推广(A_{g4})
		创新产品品牌创新(A_{g5})

6.2 高新技术企业创新能力评价指标关键要素识别

6.2.1 层次分析法基本原理

早在20世纪70年代,美国运筹学家 T. L. Saaty 就提出了 AHP 法,即层次分析方法。这种方法能够很好的应用于复杂的政治、经济和社会技术等方面的决策问题分析,对于先进的制造系统项目方案改进评价也有着极大的作用。尤其是在确定各评价指标权重方面,层次分析法极其适用。虽然在 AHP 法中只有简单的数学应用,但它能够将复杂的问题进行分解,通过分解后的子单元对比分析来确定各因子的相对重要性,然后结合人的判断来确定各指标的排序。其根本原理是:将复杂的问题进行分解,通过对分解后的各个元素的分组,形成递阶层次结构的元素组,然后通过人工判断,综合各个元素在决策中的重要性并进行排序,从而确定各指标的权重。

这种方法一经问世就得到了各领域的广泛认同,并在系统工程和运筹学等方面得以广泛应用。AHP 法通过对事物之间存在的不同运动性质和规律对系统层次结构进行划分,进而对系统进行综合的定性与定量综合分析,有着实用性、简洁性和系统性的优点。

6.2.2 高新技术企业创新能力评价指标筛选

6.2.2.1 层次分析(AHP)法

1. 建立递阶层次结构

采用 AHP 法对社会、经济及管理等问题进行分析,需要将问题更加条理化和层次化,以构建一个完整的结构模型,通过结构模型将复杂的问题分解成为不同的元素,然后将各元素按照不同属性进行分组,形成若干层次。每个层次的元素可以作为下个层次元素的准则,同时,上一层次的元素是其准则,对其进行支配。这种层次结构称之为递阶层次结构,主要表现为从上自下的支配关系。

2. 构造判断矩阵

当递阶层次结构建立完成之后,各个层次之间的元素及其关系就确定下来。假设上层元素 N 为准则,对下层元素 $L_1,L_2,\cdots,L_n$进行支配,在这一步骤,决策者应该针对两个层次元素重要性反复回答问题,按照 1－10 的重要比例标度赋予其重要性赋值,奇数的重要性依次增强,偶数为中间值。这样对于准则 N,n 个被比较元素构成了一个两两比较判断矩:$\beta_1,\cdots,\beta_n$

$$\alpha = \begin{pmatrix} 1 & K & \beta_{1n} \\ M & 0 & M \\ \beta_{n1} & L & 1 \end{pmatrix} = \beta_{ij\,n\times n} \tag{6-1}$$

在以上公式中,β_{ij}表示元素 β_i对 β_j的相对重要赋值,其评价目标是相对于总体而言的,这个矩阵的主要特点就是出于对角线的元素为 1,即相对自身而言,元素的重要值为 1。

在子能力集 $\beta_i=\{\beta_{i1},\beta_{i2},\cdots,\beta_{in}\}$ 中,相对于能力 β_i来说,各元素的对比矩阵与上式相似。

3. 对矩阵的判断

采用和积法进行求解,可以分别得到能力 β_i 下单一准则的相对权重排序:

(1)按列对每个元素进行单一化处理；

(2)按行对处理后得出的矩阵进行分别相加；$\xi\max = \sum_{i=1}^{n} \frac{(\alpha\xi)_i}{n\xi_i}$

(3)对得到的行向量进行归一化处理，可以得出个别元素在单一准则下的排序权重向量；

(4)按此式进行计算，$\xi\max = \sum \frac{\alpha\xi_i}{n\xi_i}$（其他的判断矩阵 β_i 求法与此相同）。

4. 层次总排序—计算层次一致的情况下所有元素组合的权重

为了得出每个层次相对于总目标组合的权重排序，必须组合第三步计算结果，这种组合是自上而下进行的，最终得出决策方案优先排序的权重，也就是最低层次的元素。

假设相对于总目标组合的第 $L-1$ 层元素权重排序向量为 $\alpha^{L-1} = (\alpha_1^{L-1}, \alpha_2^{L-1}, \cdots, \alpha_m^{L-1})^{\mathrm{T}}$，第 L 层在第 $L-1$ 层第 i 个元素作为准则下元素的排序权向量为 $\beta^L = (\beta_{1i}^L, \beta_{2i}^L, \cdots, \beta_{ni}^L)^{\mathrm{T}}$，令 $\Psi^L = (\beta_1^L, \alpha_2^L, \cdots, \alpha_n^L)$。则第 L 层个 n 个元素相对于总目标组合的排序权重向量：

$$\alpha^L = \psi^L \alpha^{L-1} \qquad (6-2)$$

6.2.2.2 高新技术企业创新能力评价指标筛选

本书以高新技术负责人、相关科研院所和高等院校中的学者和专家，共邀请20位专家组成评价指标筛选专家组，采用现场问答和发放调查问卷的方式作出了调查研究，为明确显示出高新技术企业创新能力各子系统要素指标的重要性，采用我国通用的五个评分等级，见表6.2。

表6.2　专家意见评分等级表

重要程度	非常重要	很重要	重要	不重要	很不重要
评分	5	4	3	2	1

由于本书待筛选的指标过多，限于篇幅有限。本书仅以高新技术企业创新能力评价指标体系中的高新技术企业创新决策能力子系统为例，阐述层次分析法对初选指标的处理方法，通过对专家的问答和问卷得出专家评分表，见表6.3。

表 6.3 高新技术企业创新决策能力子系统评价指标专家意见评分表

	A_{11}	A_{12}	A_{13}	A_{21}	A_{22}	A_{23}	A_{24}	A_{31}	A_{32}	A_{33}	A_{34}	A_{41}	A_{42}	A_{43}
S_1	5	4	4	5	5	3	2	5	5	3	3	5	5	2
S_2	4	5	3	4	5	4	2	5	5	2	2	5	5	2
S_3	4	5	3	4	5	3	3	4	5	2	2	4	5	2
S_4	5	5	4	5	5	4	3	4	5	3	3	4	4	3
S_5	5	4	3	4	4	3	2	4	4	3	2	4	4	3
S_6	5	4	2	5	4	3	3	5	4	2	3	5	4	2
S_7	5	4	3	5	5	3	2	4	5	3	2	4	5	3
S_8	4	5	2	4	5	3	3	4	5	2	3	4	5	2
S_9	4	5	3	4	5	2	3	4	5	3	2	4	5	3
S_{10}	4	5	3	5	4	2	2	5	4	3	2	5	4	3
S_{11}	5	4	2	4	5	2	3	4	5	3	2	5	4	3
S_{12}	5	4	4	4	4	3	3	4	4	2	2	4	4	2
S_{13}	4	5	2	5	4	2	2	5	4	3	2	5	4	2
S_{14}	4	5	3	4	5	2	2	4	5	2	2	5	4	2
S_{15}	5	5	2	4	5	3	1	4	5	3	3	4	5	3
S_{16}	4	5	3	4	5	2	2	4	5	3	2	5	5	3
S_{17}	5	5	2	5	5	2	2	5	5	3	2	5	4	3
S_{18}	4	5	3	4	5	3	3	4	5	2	3	4	5	2
S_{19}	5	4	2	5	5	2	2	5	5	3	3	4	5	3
S_{20}	4	5	3	5	5	2	3	5	5	2	2	5	4	2

首先将 m 个专家对 n 个评价指标的打分组成评分矩阵：

$$x = (x_{ij})_{m\times n} = \begin{pmatrix} x_{11} & \vdots & x_{1n} \\ \vdots & \vdots & \vdots \\ x_{m1} & \vdots & x_{nm} \end{pmatrix} \tag{6-3}$$

式中 $x \in [I,J](i=1,2,\cdots,m;j=1,2,\cdots,n)$第 i 个专家 S_i对第 j 个被评目标 P_j 的评分值。

其次,将该矩阵与其转置矩阵乘积为 F,$F = X^{\mathrm{T}}X$,F 的最大特征值对应的特征向量就是最后的评价指标权向量。

(1)通过 MATLAB 软件进行计算得出矩阵值,见表 6.4。

表 6.4　矩阵 $F=X^{T}X$ 值

306	304	221	174	298	297	222	165	198	205	134	168	306	302	196	186	302	305	197	188	169
302	305	220	168	305	302	221	164	196	204	132	165	298	301	194	183	298	306	194	182	170
223	221	174	201	116	113	112	112	145	156	111	156	122	112	112	123	92	116	123	97	116
176	174	176	145	178	167	111	134	132	124	123	87	145	134	114	145	135	145	145	116	114
297	298	156	178	301	301	189	178	178	167	124	134	302	298	167	178	296	298	146	143	118
298	301	186	189	298	299	123	167	178	97	112	145	299	308	101	189	301	306	167	168	178
141	140	147	134	156	145	134	98	123	125	134	154	123	112	118	91	156	145	145	112	156
222	207	220	189	167	156	167	118	116	145	123	167	167	113	167	113	97	167	178	113	123
167	168	168	190	156	115	123	145	145	134	134	145	189	145	176	118	123	123	178	167	145
145	148	137	201	123	123	145	167	167	134	156	201	145	156	167	178	190	167	124	178	168
167	196	189	123	201	145	135	156	178	135	145	198	178	187	123	134	145	167	91	16	111
198	187	133	178	123	123	167	167	198	156	99	102	190	186	156	167	167	167	156	132	119
298	301	134	167	299	302	189	178	176	178	101	117	304	296	135	178	298	302	167	119	156
301	307	156	156	300	299	123	124	134	87	156	125	302	302	167	198	299	301	176	113	178
198	190	178	143	145	123	156	134	156	145	167	143	189	167	178	113	167	145	178	123	145
135	134	111	123	167	122	167	178	167	123	189	168	123	178	96	117	115	98	187	145	167
308	306	123	134	298	297	189	112	123	135	201	187	297	301	115	94	296	305	114	167	198
302	304	156	145	301	306	123	96	145	152	199	145	298	306	117	74	302	299	245	178	201
169	168	178	167	198	123	145	123	167	152	123	198	123	134	167	117	167	167	156	178	136
206	207	198	112	123	145	167	116	198	145	145	123	160	167	178	189	178	165	178	198	156
168	167	127	134	142	167	189	117	170	123	156	179	125	177	123	123	189	156	123	147	129

2. 通过 MATLAB 软件计算出 $F=XTX$ 的最大特征值为 $\alpha_{max}=3\ 896.397\ 6$。其所对应的特征向量为

$$B^{T}=(0.282\ 6\quad 0.283\ 6\quad 0.208\ 1\quad 0.187\ 6\quad 0.278\ 9\quad 0.283\ 9\quad 0.201\ 3$$
$$0.198\ 7\quad 0.231\ 2\quad 0.198\ 7\quad 0.156\ 4\quad 0.201\ 6\quad 0.289\ 7\quad 0.287\ 6$$
$$0.186\ 4\quad 0.153\ 8\quad 0.279\ 8\quad 0.289\ 1\quad 0.167\ 8\quad 0.198\ 2\quad 0.178\ 6)$$

(3)对特征向量进行单位化。对特征向量为

$$B^{T}=(0.282\ 6\quad 0.283\ 6\quad 0.208\ 1\quad 0.187\ 6\quad 0.278\ 9\quad 0.283\ 9\quad 0.201\ 3$$
$$0.198\ 7\quad 0.231\ 2\quad 0.198\ 7\quad 0.156\ 4\quad 0.201\ 6\quad 0.289\ 7\quad 0.287\ 6$$

$0.1864 \quad 0.1538 \quad 0.2798 \quad 0.2891 \quad 0.1678 \quad 0.1982 \quad 0.1786)$

单位化可得到：

$$B^{T}=(0.0718 \quad 0.0719 \quad 0.0627 \quad 0.0587 \quad 0.0708 \quad 0.0728 \quad 0.0618$$
$$0.0586 \quad 0.0643 \quad 0.0586 \quad 0.0496 \quad 0.0644 \quad 0.0736 \quad 0.0730$$
$$0.0576 \quad 0.0468 \quad 0.0723 \quad 0.0726 \quad 0.0501 \quad 0.0578 \quad 0.0526)$$

通过分析研究决定剔除重要性小于 0.07 的评价指标，因此保留如下指标：政治稳定性程度（A_{11}）、政策连续性（A_{12}）、企业经济实力（A_{21}）、经济发展水平（A_{22}）、决策者的创新意识（A_{31}）、管理者的决策水平（A_{32}）、法律法规的完善程度（A_{41}）、政府的扶持力度（A_{42}）。

同时，可以通过同样的研究方法对高新技术企业创新开发能力子系统、实现能力子系统和扩散能力子系统的初级指标进行筛选，可以获得筛选指标。

6.2.2.3　高新技术企业创新能力评价指标相关性分析筛选

运用层次分析法对高新技术企业创新能力评价指标进行了初选，通过初选的各项指标之间可能存在某种程度的相关性，如果指标之间存在相关性大，就会违背指标的差性原则，就会影响评价指标的科学性和合理性，最终会影响评价结果，从而也会失去评价的意义。因此，评价指标相关性的分析就显得非常重要。通过对各评价指标间相关性的分析，计算出各指标之间的相关系数，就可以删除相关性很大的评价指标，可以排除指标之间的相应性而对评价结果的影响，从而进一步提高评价结果的科学性和合理性。

评价指标相关性的分析如下：

1. 评价指标数据的标准化处理

由于选用的指标可能有定性指标，也可能有定量指标，各个指标的评价内容、重点都有不同，所以在研究之前要对各项指标进行无量纲化处理，这样可以降低评价的难度，将原始变量数据进行标准化以消除数据无量纲化不统一的影响。

变换公式为

$$Y_{ij}=\frac{y_{ij}-\overline{y_j}}{s_j} \tag{6-4}$$

式中　$\overline{y_j}$——第 j 个指标的样本均值；

s_j——第 j 个指标的样本标准差，即：

$$\overline{y_j}=\frac{1}{n}\sum_{i=1}^{n}y_{ij},\ s_j=\sqrt{\left[\frac{1}{n-1}\sum_{i=1}^{n}(y_{ij}-\overline{y_j})^2\right]}$$

$$(i = 1,2,3,\cdots,n,j = 1,2,3,\cdots,q) \quad (6-5)$$

在上式中，y_i表示评价样本，j 表示评价指标。经过变换处理之后的数据均值为0，方差为1。

2. 求解标准化的变量相关系数矩阵

采用了 SPSS17. 0 统计分析软件对获取的矩阵系数进行分析，矩阵见表6. 5。

表 6. 5　高新技术企业创新决策能力子系统评价指标相关系数矩阵

指标	A_{11}	A_{12}	A_{21}	A_{22}	A_{31}	A_{32}	A_{41}	A_{42}
A_{11}	1	0. 480	0. 137	0. 335	0. 296	0. 360	0. 539	0. 286
A_{12}	0. 480	1	0. 036	0. 024	0. 020	0. 067	0. 089	0. 017
A_{21}	0. 137	0. 36	1	0. 564	0. 467	0. 540	0. 235	0. 548
A_{22}	0. 335	0. 024	0. 564	1	0. 484	0. 393	0. 284	0. 225
A_{31}	0. 296	0. 020	0. 467	0. 484	1	0. 533	0. 303	0. 473
A_{32}	0. 360	0. 067	0. 540	0. 393	0. 533	1	0. 420	0. 228
A_{41}	0. 539	0. 089	0. 235	0. 284	0. 303	0. 420	1	0. 390
A_{42}	0. 286	0. 017	0. 548	0. 225	0. 473	0. 228	0. 390	1

3. 分析各项指标之间的相关系数。

通过各项指标之间的相关系数矩阵数据表，可知高新技术企业创新决策能力子系统评价指标之间相关系数较小，这说明各项指标之间的关联程度不高，评价指标体系符合评价要求，采用同样的方法可以对高新技术企业创新能力开发能力子系统、实现能力子系统和扩散能力子系统的评价指标相关性进行评价。

6. 3　高新技术企业创新能力评价指标体系构建及内涵

6. 3. 1　高新技术企业创新能力评价指标体系

通过构建高新技术企业创新能力初选评价指标，采用特征值法对初选指标进行了筛选，同时又对筛选的评价指标进行了相关性研究，综合分析各项指标后，最终建立了高新技术企业创新能力评价指标体系，见表6. 6。

表 6.6　高新技术企业创新能力评价指标体系

一级指标	二级指标	三级指标
高新技术企业创新决策能力子系统	政治能力(A_1)	政治稳定性程度(A_{11})
		政策连续性(A_{12})
	经济能力(A_2)	企业经济实力(A_{21})
		经济发展水平(A_{22})
	人力能力(A_3)	决策者的创新意识(A_{31})
		管理者的决策水平(A_{32})
	法律能力(A_4)	法律法规的完善程度(A_{41})
		政府的扶持力度(A_{42})
高新技术企业创新开发能力子系统	创新开发能力状况(A_5)	企业的技术地位(A_{51})
		高新技术企业进入的难易程度(A_{52})
	创新开发资源投入能力(A_6)	技术人员占员工的比重(A_{61})
		R&D 经费占企业利润百分比(A_{63})
	创新开发过程(A_7)	创新研发的风险成本(A_{72})
		创新相关技术信息的获取(A_{74})
	创新开发产出能力(A_8)	创新产品产值占工业总值比重(A_{81})
		创新产品销售利润占企业总利润的比重(A_{82})
高新技术企业创新实现能力子系统	市场能力(A_9)	创新产品市场占有率(A_{91})
		创新产品市场竞争(A_{93})
	知识产权保护能力(Aa)	创新专利保护(Aa1)
		创新产权保护监控(Aa3)
	产权风险预警能力(A_b)	创新产权被侵权风险监测(A_{b5})
		创新产权风险监测机制(A_{b7})
	产权危机处置能力(A_c)	创新产权危机处置机制(A_{c1})
		创新产权危机防范情况(A_{c4})

表 6.6(续)

一级指标	二级指标	三级指标
高新技术企业创新扩散能力子系统	营销能力(A_d)	市场规范度(A_{d2})
		营销人员的素质(A_{d3})
	知识产权运营能力(A_e)	企业运营机构的完善程度(A_{e2})
		运营制度的规范程度(A_{e4})
	产品能力(A_f)	产品的差异化程度(A_{f1})
		产品的质量三包情况(A_{f3})
	品牌能力(A_g)	创新产品品牌价值(A_{g1})
		创新产品品牌推广(A_{g4})
		创新产品品牌创新(A_{g5})

6.3.2 高新技术企业创新能力决策能力子系统评价指标内涵

6.3.2.1 政治能力指标内涵

1. 政治稳定性程度

高新技术企业创新是个复杂、长期的系统工程,管理者在决策时需要国家根本制度的稳定,国家大政方针的相对连续性、一致性,政治体系能够确保企业在发展过程中政令畅通,及时、准确地反馈政治信息。在政治系统中,各层次和环节都相对平衡协调,社会运作和发展也就能够实现有序化、健康化,因此,政治稳定性程度是高新技术企业创新决策系统的重要指标。

2. 政策连续性

高新技术企业创新的相关投入力度受政策的连续性影响较大,政策如果能保持连续的话,公司在制定未来较为长期的计划时就能够得到相关的鼓励与支持,这样才会使公司的积极性得到激励,使其在未来的发展中投入更多,如果不具备政策连续性,则会影响公司的创新信心,导致动力不足。所以,政策连续性成为了高新技术企业的关键性决策指标。

6.3.2.2 经济能力指标内涵

1. 企业经济实力

一般来说,衡量一个公司的经济力量标准可以参考其在较长的一段期限内能否使其产出水平得到稳定持续的上升。一个公司的经济实力不仅能够将某一地区或国家的单位时期内的经济增长速度完整的表达出来，同时也可以作为衡量其实力的参照指标。所以，公司的经济实力对高新技术企业的创新决策系统也产生了重大影响。

2. 经济发展水平

经济发展水平指的是一个国家经济发展的规模、速度和所达到的水准，反映一个国家经济发展水平的常用指标有国民生产总值、国民收入、人均国民收入、经济发展速度、企业经济实力速度等等，这些指标会影响管理者的决策。因此，经济发展水平是高新技术企业创新决策系统的关键指标。

6.3.2.3　人力能力指标内涵

1. 决策者的创新意识

创新是一个革命性的举动，对于一个公司来讲，不仅需要投资大量人力和物力，同时需要一个较为漫长的周期。一个公司能否拥有一个具有新思维、新想法、敢冒险的决策者对其能否进行良好创新具有重大意义。所以，相关决策者的创新意识对高新技术企业创新具有重大意义。

2. 管理者的决策水平

高新技术企业要想更好的发展需要进行一大批的人力及物力投入。创新不仅是一种形式上的改变，更是一种精神上的挑战，一个公司要想提高其创新水平必须要将相关决策者的创新意识及决策水平加以提升。所以，相关的管理者的决策水平能够对高新技术企业的创新起到巨大的影响作用。

6.3.2.4　法律能力指标内涵

1. 法律法规的完善程度

经济的发展需要完善的法律法规做保障，市场经济本身来说就是一种法制经济，健全的法律体系可以保障经济的健全、稳定、持续的发展，可能使高新技术企业管理者的创新决策有法律保障，依法决策。因此，法律法规的完善程度对高新技术企业创新的决策具有重大影响。

2. 政府的扶持力度

对于高新技术企业来说，在其创新过程中需要不断地投入大量的人力和财力，这对于许多经济实力较弱的小公司来说十分困难，如果政府对其进行一些政策上的支持与鼓励，如减税、提供资金帮助等，则很大程度上会缓解其压力及负担，所以,政府的相关扶持力度也能够作为高新技术企业创新决策的主要参照指标。

6.3.3 高新技术企业创新能力开发能力子系统评价指标内涵

6.3.3.1 创新开发能力状况指标内涵

1. 企业的技术地位

创新需要企业有足够的技术实力作支撑,技术实力雄厚,创新可以能够顺利进行,企业在某些领域的技术地位决定了该企业创新能否实现。因此,企业的技术地位是高新技术企业创新开发的关键指标。

2. 高新技术企业进入的难易程度

进入壁垒是所有公司都将会经历的过程,倘若一个高新技术企业的进入壁垒不高,则表示此产业的创新开发环境具有优势,这对相关的高新技术企业的未来发展会起到一定的促进作用。所以,高新公司进入的难易程度可作为其创新的指标。

6.3.3.2 创新开发资源投入指标内涵

1. 技术人员占员工的比重

一个公司在进行创新开发时,相关的技术人才是不可缺少的,需要对其投入引进大批的技术员工,其在员工总数中所占有的比重也会影响其创新的质量,所以,技术员工占其员工总数的比重也是高新技术企业创新的重要指标。

2. R&D 经费占企业利润百分比

R&D 经费占企业利润百分比是指企业用于科研开发的支出占企业同期利润的百分比,是衡量高新技术企业创新投入量多少的重要指标。

R&D 经费占企业利润百分比 = R&D 经费 ÷ 同期企业利润

6.3.3.3 创新开发过程指标内涵

1. 创新研发的风险成本

创新对企业来讲具有一定的风险,可能成功,也可能失败,因此,在开发过程中开发风险成本的控制就显得尤为重要。大量的研发支出对任何企业来说都是一种风险,创新企业要加强风险成本管理,力争把风险成本降到最低。因此,创新研发的风险成本是高新技术企业创新开发过程中的投入指标。

2. 创新相关技术信息的获取

高新技术企业的创新需要大量的相关技术。这些技术的信息有的能获取,有的不能获取,有的获取的代价大,有的代价小,这种获取信息的能力影响高新技术企业创新的开发。因此,创新相关技术信息的获取是高新技术企业创新开发的重要指标。

6.3.3.4　创新开发产出指标内涵

1. 创新产品产值占工业总值比重

高新技术企业能够依靠其创新产品的相关产值来对其成果的产出能力进行全面的反应,同时也可以将创新成果与现实生产量之间的转化关系及能力用产值来表示。在其相关的工业总值中创新产品所站得的相对比重能够称为衡量其创新环境的重要指标。所以,创新产品产值所具有的相对比重能够成为创新开发的相关指标。

创新产品产值占工业总值比重 = 创新产品产值 ÷ 工业总产值

2. 创新产品销售利润占企业总利润的比重

创新产品的销售利润永远是创新企业在创新经济活动中的行为目标,没有足够的利润企业就无法继续生存,没有足够的利润,企业就无法继续扩大发展规模。创新产品销售利润占企业总利润的比重反映了创新对企业总经营成果的贡献程度。所以,在高新技术企业创新开发过程中,企业总利润中的创新产品销售利润比例是重要的产出指标。

创新产品销售利润占企业总利润的比重 = 创新产品销售利润 ÷ 企业总利润

6.3.4　高新技术企业创新能力实现能力子系统评价指标内涵

6.3.4.1　市场能力指标内涵

1. 创新产品市场占有率

公司要想获得更多的顾客群体,可以通过将其创新产品的相关市场占有率进行提高来实现,这样能够使其信息的获取来源及获取量更加广泛,可以扩大其公司的品牌效应,以此使公司在激烈的市场竞争中具有较强的竞争力。所以,从一定程度上来说,创新产品市场占有率影响着公司的创新效果。

创新产品市场占有率 = 创新产品的销售量(销售额)÷ 市场上某种产品的全部销售量(销售额)×100%

2. 创新产品市场竞争

同其他产品一样,创新产品同样面临激烈的市场竞争,同时市场竞争的激烈程度也影响了创新的实现程度,越是激烈的市场竞争,越难以实现创新。所以,在高新技术企业创新能力发展中,创新产品市场竞争是一项重要指标。

6.3.4.2 产权保护指标内涵

1. 创新专利保护

对于创新的结果来说,其所包含的内容很多,不仅可以体现出对所研究对象的保护程度,同时还可以就其创新发展的具体情况进行说明。所以,就高新技术企业现有的发展情况来说,创新专利保护对其所产生的作用非常重要。

2. 创新产权保护监控

创新产权保护监控是对创新产权保护系统进行监控的行为,使高新技术企业创新能高速、有效的运行,既对创新知识产权起到很好的保护作用,同时又将保护的程度限定在科学的范围内,使高新技术企业创新系统的运行更加有效、科学。

6.3.4.3 产权风险预警指标内涵

1. 创新产权被侵权风险监测

创新产权被侵权可以看作成是两个公司之间发生的侵权行为,为了避免侵权现象的发生,公司如何合理有效地将相关风险监测工作落实,对于创新公司创新的实现有着重大的影响。所以,这一行为能够作为其创新实现的相关投入指标。

2. 创新产权风险监测机制

创新侵权具有双风险性,无论哪一种风险发生都会对公司造成严重的损失,并且会影响公司的形象。所以,加强创新产权的监测机制对于创新的公司来说意义重大。

6.3.4.4 产权危机处置指标内涵

1. 创新产权危机处置机制

创新产权危机处置机制是指在产权出现问题时,处理问题所采用的各种方法、对策、措施等各系统的总和。企业形成一整套完整的创新产权危机处置机制,可以使企业能应对复杂的创新产权问题。

2. 创新产权危机防范情况

公司在进行创新产权之前应提前准备好各类防御机制及防范工作,以便在遇到突发危机出现时能够有效应对,使公司免受危害。该指标属于投入指标。

6.3.5 高新技术企业创新能力扩散能力子系统评价指标内涵

6.3.5.1 营销能力指标内涵

1. 市场规范度

创新成果的扩散受市场规范度的影响,规范的市场可以使创新企业在创新成果扩散中受益,反之相反。市场规范度属于产出指标。

2. 营销人员的素质

在创新成果扩散的整个过程中,与之相关的营销人员的作用是不可忽视的,优秀的营销人员会将创新成果更好地向社会推行,并且在这一过程中,营销人员自身所具有的素质情况也直接关乎着成果的扩散情况。所以,营销人员的相关素质情况对创新成果的扩散来讲意义重大。

6.3.5.2 知识产权运营能力指标内涵

1. 企业运营机构的完善程度

创新研究成果的扩散内容十分广泛,包括技术、产品、形象、品牌等,有的还形成知识产权,因此,企业的运营机构的完善程度对创新成果的扩散十分重要。

2. 运营制度的规范程度

运营制度是企业运营工作的约束文件,制度是否规范、科学直接影响运营的成果,企业要加强运营制度的管理,使运营制度更加规范、合理。

6.3.5.3 产品市场能力指标内涵

1. 产品的差异化程度

差异化的产品可以使企业在定价方面有足够的话语权,差异化代表与众不同,企业可以借此向社会推广自己的产品、服务等,这样就使自己创新的成果得到更好的推广。

2. 产品的质量三包情况

质量三包本身就是向社会推广自己的产品、服务等,可以使企业在社会中树立良好的口碑,形成良好的社会声誉,这是最好的创新成果扩散形式。

6.3.5.4 品牌能力指标内涵

1. 创新产品品牌价值

在企业品牌管理中,品牌价值管理是最重要的要素,也是对同类产品竞争区分的重要标志。迈克尔·波特曾经提出,品牌的资产主要集中于品牌价值之上,也就是说一个品牌的精髓就是其价值。所以,在黑龙江高新技术企业创新扩散能力子系统中,穿心产品品牌价值是一项极其重要的指标。

2. 创新产品品牌推广

品牌推广主要指的是企业为了加深人们对产品品牌的形象和对企业的印象,使更多人认同该品牌而进行的活动过程。具体而言,品牌推广包含两方面内容:第一,树立企业形象和产品形象,以提高产品品牌的知名度和特色度;第二,最大限度的销售品牌产品。所以,在黑龙江高新技术企业创新扩散能力子系统中,创新产品品牌推广是一项极其重要的指标。

3. 创新产品品牌创新

品牌创新,其实就是为品牌添加新的创造价值的能力,通过各种文化创新、技术创新、销售模式的创新,来提高产品质量,增强品牌的生命力。

6.4 高新技术企业创新能力评价方法

6.4.1 因子分析法介绍

因子分析(Factor Analysis)最早起源于1904年,是由Chales Spearman提出的,并发表了相关论文对因子分析进行论述,这是统计分析的起点,得到了广泛的认同。起初,因子分析主要用于心理学和教育方面的问题分析。从20世纪60年代之后,因子分析开始逐步应用于社会、经济、考古、生物等多个领域和学科,并为各个领域的发展作出了极大的贡献。

因子分析法主要用于数据的概括与提炼分析,其主要目的是通过少数变量来反映整体变量之间的协方差关系。在当前的企业管理过程中,有着大量的相关变量,需要对其数量进行缩减以方便分析。通过因子能够将变量之间存在的相关关系充分反映出来。因子分析的基本原理是结合变量的相关程度进行分组,将相关程度较高的变量分到同组,将相关程度较低的变量区分开来。本书中笔者希望通过几个公共因子的线性函数对每个变量进行观测,以增强相关变量解释的合理性。通过因子分析,不仅能够得出因子模型,还可以充分掌握大量变量之间的相关系数,从而共同构成因子结构。在一个健全的因子解中,主要有着模型和结构两方面内容,其中因子模型能够通过回归方程的形式将因子之间的现行组合表示出来;因子结构能够将变量之间的相关性表示出来。因子分析有着三个特点,具体如下:第一,能够充分反映出固有变量的信息;第二,因子个数相对于变量个数较少;第三,因子之间没有显著的线性关系。

6.4.2　因子分析评价基本模型

因子分析一般被使用到变量评价当中,所以也被称作是 R 型因子分析。基本模型则是,假设一共有 n 个样品,单个样品观测变量是 q 个,在这里用 y 表示,经过标准化处理之后的公共因子变量标记为 $H_1, H_2, \cdots, H_m(m < q)$,如果下列条件得到满足:

$$y = (y_1, y_2, \cdots, y_n)$$

1. 能够观测到随机向量,而均值向量 $E(y) = 0$,协方差阵 $\text{cov}(y) = \Sigma$,在这里协方差阵 Σ 和相关矩阵 R 可以保持一致性。

2. $H = (H_1, H_2, \cdots, H_q)'$, $m < q$,向量不可测,其均值向量 $E(H) = 0$,协方差阵 $\text{cov}(H) = I$,也就是 H 的各个分量相对独立。

3. $\mu = (\mu_1, \mu_2, \cdots, \mu_q)'$ 与 H 相互独立,且 $E(\mu) = 0$,μ 的协方差阵 Σ_μ 是对角阵,即

$$\text{cov}(\mu) = \sum_{\varepsilon} = \begin{bmatrix} \varphi_{11}^{1} & 0 & 0 \\ 0 & \varphi_{22}^{2} & 0 \\ 0 & 0 & \varphi_{qq}^{q} \end{bmatrix} \tag{6-6}$$

这充分表明各个 μ 的分量相对独立,则具体模型见下式:

$$y_1 = a_{i1}H_1 + a_{i2}H_2 + \cdots + a_{m}H_m + \varphi_1 \quad (i = 1, 2, \cdots, q) \tag{6-7}$$

因子模型具体矩阵形式表现为

$$y = \alpha H + \varphi$$

式中

$$y = (y_1, y_2, \cdots, y_q)'$$

$$H = (H_1, H_2, \cdots, H_m)'$$

$$\varphi = (\varphi_1, \varphi_2, \cdots, \varphi_q)'$$

$$\alpha = \begin{bmatrix} \alpha_{11} & \alpha_{12} & \cdots & \alpha_{1m} \\ \alpha_{21} & \alpha_{22} & \vdots & \alpha_{2m} \\ \vdots & \vdots & & \vdots \\ \alpha_{q1} & \alpha_{q2} & \cdots & \alpha_{qm} \end{bmatrix}$$

$H = (H_1, H_2, \cdots, H_m)'$ 称为公共因子,是基于多个原有变量观测的表达式而出现的因子,是不可测且相互独立的变量。$\varphi = (\varphi_1, \varphi_2, \cdots, \varphi_q)'$ 称为特殊因子,能够

作为分量 y_i 的特有因子。在不同的特殊因子之间,可以保持一定的独立性。α_{ij} 则代表的是载荷因子,可以显示出第 i 个变量在第 j 个公共因子当中的实际负载情况。

在因子模型 $y=\alpha H+\varphi$ 里面,可以把特殊因子和公共因子相组合的方式来表达。在这个过程当中,为研究模型特征,需要使用到变量的公共因子,具体是用现行组合来表达,具体为

$$H_1 = \lambda_{j1}x_1 + \lambda_{j2}x_2 + \cdots + \lambda_{jq}y_q \quad (j = 1,2,\cdots,m) \tag{6-9}$$

在式(6-9)当中,也能够被标记成矩阵形式 $H=\lambda' Y$,进而作为因子得分或者是函数得分,这样就能够计算得出对所有样品的公共因子得分情况。

因为式中的 $m<q$,这样就需要评估因子得分,在此可以假设因子有 q 个回归变量,具体回归方程为

$$\hat{H}_j = \beta_{j0} + \beta_{j1}y_1 + \beta_{j2}y_2 + \cdots\beta_{jq}y_q \quad (j = 1,2,\cdots,m) \tag{6-10}$$

在式(6-10)中,由于公共因子和变量经过标准化处理,因此变量和公共因子均已标准化,故有 $\beta_{j0}=0$ 根据最小二乘可以得出,即

$$\hat{H}_j = \alpha' R^{-1} Y \tag{6-11}$$

在式(6-11)中:R 表示原变量的相关系数矩阵,

$$R = \begin{bmatrix} 1 & r_{12} & \cdots & r_{1p} \\ r_{21} & 1 & \cdots & r_{2p} \\ \vdots & \vdots & \vdots & \vdots \\ r_{p1} & r_{p2} & \cdots & 1 \end{bmatrix}$$

6.4.3 因子分析法流程

第一步:对原变量的数据采取标准化处理的方式,以避免数据量纲不一致造成的影响。采用 Z-scoer 方法进行原始数据的标准化处理。具体公式为

$$Y_{ij} = \frac{y_{ij} - \overline{y_j}}{s_j} \tag{6-12}$$

在式(6-12)当中,$\overline{y_j}$ 所代表的是第 j 个指标当中的均值,而 s_j 所代表的则是第 j 个指标当中的标准差,具体是

$$\overline{y_j} = \frac{1}{n}\sum_{i=1}^{n} y_{ij},\ s_j = \sqrt{\left[\frac{1}{n-1}\sum_{i=1}^{n}(y_{ij} - \overline{y_j})^2\right]}$$
$$(i = 1,2,3,\cdots,n;\ j = 1,2,3,\cdots,q) \tag{6-13}$$

在上式当中，y_i所代表的是评价样本，j 所代表的是评价指标。在作出转化之后，数值都变成 0，而方差则变成 1。

第二步：计算得出标准化的变量相关矩阵。

第三步：计算得出相关矩阵的特征根、特征向量以及累计方差贡献率等。

第四步：确定公共因子的实际数量。需要假设 $Y_1, Y_2, \cdots, Y_q$ 是 q 个因子，当这里面的前 m 个因子当中所包括的累计贡献率高于 80% 的情况下，就能够提取出来前 m 个因子所代表的原评价指标。

第五步：计算得出初始因子的负荷矩阵。

第六步：旋转处理初始因子的负荷矩阵。假如所得到的初始因子矩阵未能有效解释问题，则同样也就不能解释公共因子性质。在这种情况下，就需要旋转初始因子的负荷矩阵。目的就是要转化各因子负荷值，使其保持在 0 到 1 之间。

第七步：解释因子在社会经济中的具体内涵。结合因子在变量当中的负荷值高低，能够解释这个因子所具备的社会经济价值意义。

第八步：评估因子得分。在此可以使用回归估计法、Bartlett 估计法以及 Thomson 估计法。

第九步：计算得出综合评价值 H，也就是总因子分数估计值 $\hat{H}$，然后作出排序处理。将各因子的方差贡献率作为比例，通过因子之间的线性组合可以得出评价指标函数，之后再结合综合得分来作出排序处理。

6.5　本章小结

本章主要研究了高新技术企业创新能力评价指标体系，并通过其设计原则、设计框架的构建、指标体系设计框架的构建，建立了高新技术企业创新能力的初选指标体系，并采用一定的方法对初选指标体系进行科学的筛选，同时对筛选的指标进行相关性研究，最终确定了高新技术企业创新能力的评价指标体系，并对各项指标的内涵进行深入的分析。最后对高新技术企业创新能力评价方法进行了介绍，为下一章黑龙江高新技术企业创新能力实证研究打下了良好基础。

第7章　黑龙江高新技术企业创新能力实证评价研究

7.1　黑龙江高新技术产业创新能力评价系统数据的搜集与检验

7.1.1　数据来源和筛选

在20世纪八九十年代,黑龙江省在哈尔滨市和大庆市先后建立了三个高新技术企业开发区、经济技术开发区。自从批准获建以来,一直以高新技术成果的市场化、产业化和国际化为主要目标,以创设良好的创新能力,保障创新发展为主要内容,采取了思想、体制、技术、工作等方面创新措施,为黑龙江高新技术企业创新的健康发展起到了极大的推动作用。目前,黑龙江高新技术企业已经形成一定规模,对于东北经济的整体发展有着极大的助益。

本章进行的实证研究主要选择了黑龙江省10家高新技术企业在2011年的创新实际效果调研数据。为了维护这10家高新技术企业的声誉,将这10家高新技术企业的名称隐去,本书以Z_1、Z_2、Z_3、Z_4、Z_5、Z_6、Z_7、Z_8、Z_9、Z_{10}来表示,同时将这10家高新技术企业按其创新能力分为三类,其中Z_1、Z_2、Z_7为第一类;Z_3、Z_4、Z_8为第二类;Z_5、Z_6、Z_9、Z_{10}为第三类。调研工作主要分为三个阶段:调查问卷设计、调研实施以及专家评判。

7.1.1.1　调查问卷设计

以高新技术企业创新能力能力评价指标体系为基础,充分借鉴国内外的创新能力调查问卷设计,调查内容详情见附录。

7.1.1.2　实施调研工作

将黑龙江省的十家高新技术企业作为调研对象,共发放问卷150份,全部收回,其中有效调查问卷139分,有效率达92.67%,符合研究需要,并对所获得的定量数据和定性指标进行了整理和检验分析，从而使指标的结果更加科学、可靠。

7.1.1.3　专家打分

对调研数据进行整理，并请 20 位专家分别打分。对调研对象的创新能力进行评分，分值为 5 分 –1 分，5 分表示最好，1 分为最差。

7.1.1.4　专家打分的信度检验

针对 20 位专家对 10 家高新技术企业的打分情况，这属于多评价者方法，因此，还需要检验多评价者的打分可靠性。

结合专家打分实际情况求得平均分值，也就是某个指标的评价值。通过此方法能够将定性与定量指标充分结合，使评价的实施更加简洁。本章实证研究只从指标体系选取 16 项指标，最终评分所得的结果见表 7.1。表中行 $Z_1,Z_2,\cdots,Z_{10}$，代表 10 家样本企业，列 $\beta_1,\beta_2,\cdots,\beta_{16}$，代表 16 个三级指标，即进行因子分析的 16 个变量。$\beta_1,\beta_2,\cdots,\beta_{16}$代表的指标见表 7.2。

表 7.1　高新技术企业创新能力能力评价原始指标值

样	指标															
	β_1	β_2	β_3	β_4	β_5	β_6	β_7	β_8	β_9	β_{10}	β_{11}	β_{12}	β_{13}	β_{14}	β_{15}	β_{16}
Z_1	4.2	3.5	4.0	4.2	4.2	3.6	3.7	3.6	3.2	3.9	4.2	4.0	3.6	4.2	4.0	4.0
Z_2	3.3	3.9	4.5	4.2	3.8	3.7	3.4	3.1	2.8	4.0	3.2	3.8	3.3	3.4	3.8	3.8
Z_3	4.2	4.5	4.2	4.4	4.4	3.6	4.5	3.7	4.2	4.8	4.4	4.6	4.0	4.4	4.5	4.0
Z_4	4.6	3.1	4.5	3.2	4.1	3.8	4.0	3.5	3.9	4.3	4.1	3.9	4.5	4.3	4.3	4.4
Z_5	3.8	4.0	4.8	3.5	4.5	3.6	3.8	3.6	3.7	3.5	4.2	4.3	4.2	3.9	4.6	4.6
Z_6	3.7	3.6	4.2	3.6	3.3	3.4	3.5	2.9	3.0	3.0	3.7	3.6	3.8	3.2	3.1	3.7
Z_7	4.5	3.9	4.6	4.4	3.9	3.8	3.7	3.1	2.9	3.6	3.8	3.3	3.5	3.7	3.8	3.7
Z_8	3.6	3.3	3.6	3.1	3.4	2.3	3.4	2.9	2.2	3.4	3.1	2.8	3.2	3.2	3.4	2.8
Z_9	3.2	3.8	3.8	4.3	3.7	3.9	3.7	3.5	3.8	3.8	4.2	3.7	3.7	3.5	4.4	4.1
Z_{10}	3.3	4.2	4.2	4.1	4.4	4.0	3.3	3.6	3.7	3.7	4.2	4.0	4.3	4.2	4.2	4.2

表 7.2　高新技术企业创新能力指标对照表

符号	代表的指标	符号	代表的指标
β_1	政治稳定性程度	β_9	创新产品市场占有率
β_2	企业经济实力	β_{10}	创新专利保护
β_3	决策者的创新意识	β_{11}	创新产权被侵权风险监测
β_4	法律法规的完善程度	β_{12}	创新产权危机处置机制
β_5	企业的技术地位	β_{13}	市场规范度
β_6	技术人员占员工的比重	β_{14}	企业运营机构的完善程度
β_7	创新研发的风险成本	β_{15}	产品的差异化程度
β_8	创新产品产值占工业总值比重	β_{16}	创新产品品牌价值

7.1.2　数据检验

7.1.2.1　数据标准化

结合第六章中介绍的数据标准化处理方法,通过 SPSS17.0 统计分析软件进行原始数据的标准化处理,具体结果见表 7.3。

表 7.3　标准化数据表

	X_1	X_2	X_3	X_4	X_5	X_6	X_7	X_8	X_9	X_{10}	X_{11}	X_{12}	X_{13}	X_{14}	X_{15}	X_{16}
Y_1	0.42	0.29	0.91	0.93	0.94	0.02	0.25	0.63	0.37	0.32	0.70	0.59	0.32	0.92	0.87	0.67
Y_2	0.83	0.01	0.67	1.41	0.13	0.57	0.02	0.00	1.17	0.74	0.58	0.17	0.69	1.11	0.23	0.75
Y_3	1.18	1.43	1.11	0.95	0.92	0.97	1.57	1.30	1.91	1.66	1.16	1.54	1.29	1.50	1.28	1.07
Y_4	0.27	1.13	0.91	0.20	1.16	0.04	1.56	0.68	0.87	0.97	0.95	0.39	0.80	0.90	1.08	1.29
Y_5	0.74	1.13	1.36	0.50	0.92	0.37	0.68	0.86	0.26	0.53	0.94	1.16	1.05	0.11	1.29	1.49
Y_6	1.53	0.56	0.01	1.12	0.29	0.65	0.02	0.89	0.07	0.62	0.07	0.46	0.45	1.32	0.66	0.78
Y_7	0.20	0.57	1.34	0.74	0.31	0.03	0.68	0.24	1.18	0.34	0.18	1.03	0.09	0.53	0.24	0.08
Y_8	0.86	0.28	0.44	1.12	0.30	2.03	0.62	0.89	2.01	1.06	1.27	1.84	1.47	1.14	1.51	1.96
Y_9	0.07	0.32	0.90	0.74	0.16	0.78	0.01	0.88	0.26	0.17	0.53	0.18	0.20	0.51	0.45	0.68
Y_{10}	0.73	0.83	0.90	1.19	0.76	0.98	0.20	0.26	0.87	0.54	0.95	0.56	0.82	0.93	1.20	0.88

7.1.2.2　求解相关系数矩阵

采用 SPSS17.0 统计分析软件对线管矩阵系数进行分析，具体见表 7.4。

表 7.4　相关系数矩阵表

1	0.581	0.373	0.515	0.644	0.686	0.538	0.657	0.668	0.697	0.485	0.646	0.815	0.816	0.577	0.702
0.581	1	0.751	0.725	0.897	0.745	0.880	0.855	0.517	0.824	0.732	0.733	0.791	0.651	0.823	0.770
0.373	0.751	1	0.697	0.835	0.541	0.786	0.648	0.268	0.794	0.745	0.623	0.642	0.552	0.832	0.650
0.515	0.725	0.697	1	0.784	0.793	0.684	0.823	0.414	0.824	0.685	0.724	0.609	0.534	0.827	0.659
0.644	0.897	0.835	0.784	1	0.734	0.902	0.874	0.546	0.915	0.842	0.786	0.798	0.741	0.905	0.823
0.686	0.745	0.541	0.793	0.734	1	0.721	0.828	0.614	0.815	0.724	0.878	0.747	0.721	0.781	0.774
0.538	0.880	0.786	0.684	0.902	0.721	1	0.891	0.584	0.885	0.801	0.755	0.748	0.650	0.838	0.754
0.657	0.855	0.648	0.825	0.874	0.829	0.891	1	0.647	0.859	0.801	0.822	0.795	0.677	0.854	0.806
0.668	0.517	0.268	0.416	0.546	0.614	0.584	0.647	1	0.603	0.642	0.726	0.738	0.662	0.616	0.725
0.697	0.824	0.794	0.826	0.915	0.815	0.885	0.859	0.603	1	0.823	0.827	0.772	0.762	0.907	0.804
0.485	0.732	0.745	0.685	0.842	0.724	0.801	0.801	0.642	0.823	1	0.848	0.672	0.720	0.930	0.872
0.646	0.733	0.623	0.724	0.786	0.878	0.755	0.822	0.726	0.827	0.848	1	0.771	0.804	0.864	0.856
0.815	0.791	0.642	0.609	0.798	0.747	0.748	0.795	0.738	0.772	0.672	0.771	1	0.786	0.747	0.804
0.816	0.651	0.552	0.534	0.741	0.721	0.650	0.677	0.662	0.762	0.720	0.804	0.786	1	0.735	0.807
0.577	0.823	0.832	0.829	0.905	0.781	0.838	0.854	0.616	0.907	0.930	0.864	0.747	0.735	1	0.921
0.702	0.770	0.650	0.659	0.823	0.774	0.754	0.806	0.725	0.804	0.872	0.856	0.804	0.807	0.921	1

通过对相关矩阵系数的求解可以得出各变量之间并不完全相关，所以，与因子分析法的基本条件相符。

7.1.2.3　样本数据的信度检验

采用因子分析法，需要原始指标和数据之间存在一定的相关性，如果指标之间完全相关或者完全不具有相关性，都无法采用因子分析法。因此，整个评价过程的第一步就是对原始变量数据进行 KMO 检验，确定因子分析法是否适用。表 7.5 是 KMO 测度结果和巴特利特球体检验的结果。KMO 检验是检验样本数据是否充足的方法，检测项目之间的相关系数。通常情况下，KMO 检验值大于 0.6 就可以进行因子分析,而本次检验的 KMO 值都大于 0.6,满足因子分析需求。此外,巴特里特球体检验是检验样本是否为单位矩阵,如果是,则无法进行因子分析。而本次检验的卡方统计值概率为 0.000,小于 1%,这充分说明样本数据之间存在一定相关性,可以采用因子分析法进行分析。

表 7.5　巴特里特检验卡方值和 KMO 值

指标	统计量		
	KMO 检验值	巴特利特检验卡方值	显著性水平
政治稳定性程度(β_1)	0.747	4 654.489	0.000
企业经济实力(β_2)	0.735	554.40	0.000
决策者的创新意识(β_3)	0.822	667.678	0.000
法律法规的完善程度(β_4)	0.778	432.887	0.000
技术人员占员工的比重(β_6)	0.835	496.980	0.000
创新研发的风险成本(β_7)	0.749	334.901	0.000
创新产品产值占工业总值比重(β_8)	0.887	469.009	0.000
创新产品市场占有率(β_9)	0.790	659.567	0.000
创新专利保护(β_{10})	0.776	767.764	0.000
创新产权被侵权风险监测(β_{11})	0.847	704.367	0.000
创新产权危机处置机制(β_{12})	0.7791	378.876	0.000
市场规范度(β_{13})	0.756	456.276	0.000
企业运营机构的完善程度(β_{14})	0.723	396.446	0.000
产品的差异化程度(β_{15})	0.750	478.964	0.000
创新产品品牌价值(β_{16})	0.748	367.782	0.000

7.1.2.4　样本数据的效度检验

提取因子进行效度检验对比分析,在效度表中与变量对应的是初始效度以及因子提取之后的再生效度,这可以充分反映出帮本变量的总方差贡献和变量信息,具体结果见表 7.6。

表 7.6　数度效度表

指标	初始信息量	析取数值
β_1	1.000	0.748
β_2	1.000	0.823
β_3	1.000	0.836
β_6	1.000	0.765
β_7	1.000	0.843
β_8	1.000	0.852
β_9	1.000	0.789
β_{10}	1.000	0.923
β_{11}	1.000	0.818
β_{12}	1.000	0.847
β_{13}	1.000	0.798
β_{14}	1.000	0.836
β_{15}	1.000	0.986
β_{16}	1.000	0.876
β_4	1.000	0.756
β_5	1.000	0.932

从表 7.6 中能够得出因子与变量之间呈现出较强的相关性，变量指标信息可以通过因子充分体现出来，所以，该因子分析效果较为显著。

7.2　黑龙江高新技术产业创新能力评价系统数据分析

7.2.1　特征值、贡献率分析

特征值能够表现出因子的方差贡献，特征值越大，表示因子的方差贡献越大，贡献率指的是方差中特征值所占比例贡献率 = 特征值 ÷ 方差 ×100%，累计贡献率指的是方差中特征值比例的累计值。本章按特征值大于 1 的标准，采用主成分分析的方法来提取因子，按照因子分析的原则，累计方差贡献率应该大于 80%，且公共因子的特征值应该大于 1。表 7.7 是特征值与方差贡献率，从表 7.7 中可以得出,满足特征值要求的公共因子只有一个,其贡献率为 82.613%,这说明此特征值中有着较大的信息量。

表 7.7 特征值与方差贡献率

因子序号	初始取值			提取因子后取值		
	特征值	贡献率	累计贡献率	特征值	贡献率	累计贡献率
1	13.768	75.236%	75.236%	13.638	74.526%	74.526%
2	1.350	7.377%	82.613%	1.338	7.312%	81.838%
3	0.768	4.197%	86.810%			
4	0.601	3.284%	90.094%			
5	0.582	3.180%	93.274%			
6	0.349	1.907%	95.181%			
7	0.216	1.180%	96.361%			
8	0.185	1.010%	97.371%			
9	0.126	0.689%	98.060%			
10	0.117	0.639%	98.699%			
11	0.096	0.525%	99.224%			
12	0.085	0.464%	99.688%			
13	0.036	0.197%	99.885%			
14	0.012	0.066%	99.951%			
15	0.006	0.033%	99.984%			
16	0.003	0.016%	100%			

注:采取主成分法提取的公共因子。

表 7.8 初始因子载荷矩阵

变量	主因子 H_1	主因子 H_2	主因子 H_3	主因子 H_4
β_1	0.944	0.648	0.248	0.180
β_2	0.949	0.572	0.272	0.246
β_3	0.949	0.564	0.365	0.177
β_4	0.935	0.505	0.205	0.317
β_5	0.896	0.635	0.335	0.217

表 7.8(续)

变量	主因子 H_1	主因子 H_2	主因子 H_3	主因子 H_4
β_6	0.919	0.665	0.266	0.048
β_7	0.919	0.648	0.384	0.251
β_8	0.920	0.644	0.219	0.110
β_9	0.727	0.527	0.427	0.122
β_{10}	0.866	0.356	0.382	0.146
β_{11}	0.884	0.476	0.396	0.097
β_{12}	0.896	0.499	0.384	0.115
β_{13}	0.875	0.575	0.275	0.513
β_{14}	0.847	0.447	0.347	0.337
β_{15}	0.748	0.449	0.349	0.452
β_{16}	0.872	0.420	0.220	0.504

从表 7.8 中能够得出,各因子的代表变量不够显著,因子对指标的反映不够显著,因此,需要对因子载荷矩阵进行旋转处理,以待下一步分析。

7.2.2　旋转后因子的结果分析

对因子载荷矩阵的旋转处理选用方差最大正交旋转,旋转四个原始公共因子的载荷矩阵,旋转后因子的提取结果见表 7.9。

表 7.9　旋转后因子的提取结果数据表

变量	主因子 H_1	主因子 H_2	主因子 H_3	主因子 H_4
企业经济实力(β_2)	0.949	0.476	0.205	0.048
决策者的创新意识(β_3)	0.949	0.520	0.220	0.097
政治稳定性程度(β_1)	0.944	0.527	0.219	0.110
法律法规的完善程度(β_4)	0.935	0.572	0.248	0.115
技术人员占员工的比重(β_6)	0.920	0.665	0.335	0.122
创新研发的风险成本(β_7	0.919	0.648	0.266	0.146
创新产品产值占工业总值比重(β_8)	0.919	0.648	0.365	0.177
企业的技术地位(β_5)	0.896	0.644	0.384	0.180

表 7.9(续)

变量	主因子 H_1	主因子 H_2	主因子 H_3	主因子 H_4
创新产品市场占有率(β_9)	0.896	0.587	0.427	0.217
创新产权被侵权风险监测(β_{11})	0.884	0.526	0.396	0.246
创新专利保护(β_{10})	0.875	0.509	0.384	0.251
创新产权危机处置机制(β_{12})	0.872	0.447	0.382	0.317
市场规范度(β_{13})	0.866	0.420	0.349	0.513
创新产品品牌价值(β_{16})	0.847	0.398	0.347	0.504
产品的差异化程度(β_{15})	0.748	0.356	0.275	0.452
企业运营机构的完善程度(β_{14})	0.727	0.336	0.272	0.337

从上表中能够得出,因子载荷矩阵经旋转处理之后的载荷值呈现出两极分化趋势,公共因子反映的变量信息较为显著。可以继续采用因子载荷矩阵对因子与变量的相关性进行分析。

表 7.10 为 4 个因子的协方差矩阵,由此可以得出,经过旋转处理之后的四个因子仍然为正交。

表 7.10　回归因子分数协方差矩阵

因子	H_1	H_2	H_3	H_3
H_1	1.000	0.000	0.000	0.000
H_2	0.000	1.000	0.000	0.000
H_3	0.000	0.000	1.000	0.000
H_4	0.000	0.000	0.000	1.000

7.2.3　各因子的内涵分析

根据以上的研究结果可以看出,在公共因子 H_1 上,企业经济实力(β_2)、决策者的创新意识(β_3)、政治稳定性程度(β_1)和法律法规的完善程度(β_4)为黑龙江高新技术企业创新决策能力子系统指标,因此,H_1 可以理解为黑龙江高新技术企业创新决策能力因子;技术人员占员工的比重(β_6)、创新研发的风险成本(β_7、)、创新产品产值占工业总值比重(β_8)和企业的技术地位(β_5)为黑龙江高新技术企业创新开发能力子系统指标，因此，H_2 可以理解为黑龙江高新技术企业创新开发能力的决策能力因子；创新产品市场占有率（β_9）、创新产权被侵权风险监测（β_{11}）、创新专利保护（β_{10}）和创新产权危机处置机制（β_{12}）为黑龙江高新技术企业创新实现决策能力子系统指标，因此，H_3 可以理解为黑龙江高新技术企业创新实现决策能力因子；市场规范度（β_{13}）、创新产品品牌价值（β_{16}）、产品的差异化程度（β_{15}）和企业运营机构的完善程度（β_{14}）为黑龙江高新技术企业创新扩散能力子系统指标，因此，H_4 可以理解为黑龙江高新技术企业创新扩散决策能力因子。

7.2.4　因子得分及样本企业排名

为了计算因子得分，采用回归分析法对对主因子的变量指标进行线性回归，得到因子得分的系数矩阵，具体见表 7.11。

表 7.11　因子得分系数矩阵

变量指标	主因子 H_1	主因子 H_2	主因子 H_3	主因子 H_4
β_1	0.259	0.543	0.090	0.205
β_2	0.383	0.112	0.224	0.163
β_3	0.665	0.285	0.087	0.025
β_4	0.013	0.096	0.112	0.177
β_5	0.321	0.245	0.267	0.103
β_6	0.033	0.136	0.876	0.189
β_7	0.008	0.076	0.176	0.189
β_8	0.111	0.069	0.456	0.172
β_9	0.223	0.765	0.176	0.300
β_{10}	0.125	0.126	0.123	0.189
β_{11}	0.095	0.165	0.471	0.287
β_{12}	0.010	0.654	0.276	0.356
β_{13}	0.043	0.275	0.398	0.143
β_{14}	0.126	0.641	0.119	0.229
β_{15}	0.142	0.016	0.663	0.049
β_{16}	0.013	0.256	0.521	0.113

按照因子的得分系数和原始变量值能够对每个因子的观测得分进行计算。本章采用 SPSS17.0 统计软件的得分功能进行了四个主要因子的评分，然后进行了因子得分加权汇总，得出各个高新技术企业的因子总得分。

按照最后总得分可以对黑龙江省的十家高新技术企业创新能力水平进行排名，具体见表7.12。

表7.12 主因子得分及样本企业综合得分排名情况统计

样本企业	H_1分数	名次	H_2分数	名次	H_3分数	名次	H_4分数	名次	综合得分排名
Z_1	0.906	3	0.876	2	0.816	4	0.923	1	1
Z_2	0.701	10	0.825	5	0.933	1	0.876	2	3
Z_3	0.762	8	0.926	1	0.812	5	0.669	7	5
Z_4	0.774	7	0.849	4	0.766	7	0.786	4	4
Z_5	0.724	9	0.801	6	0.898	2	0.654	8	7
Z_6	0.862	4	0.852	3	0.698	9	0.698	6	9
Z_7	0.940	1	0.773	8	0.865	3	0.872	3	2
Z_8	0.806	6	0.763	9	0.810	6	0.765	5	6
Z_9	0.849	5	0.778	7	0.697	10	0.621	10	10
Z_{10}	0.914	2	0.766	10	0.726	8	0.624	9	8

7.3 黑龙江高新技术企业创新能力评价结果分析

运用因子分析评价法不仅可以将所研究的黑龙江省内10家高新技术企业的综合因子的得分进行排序，还能够对其创新能力能力水平进行判断，并充分发掘各企业在此方面的差异，从而可以进一步的分析产生差异的原因。

通过观测H_1的数值我们不难发现，作为样本的10家公司高新技术的研讨环境参差不齐，样本中Z_7的研讨环境处于绝对优势，反观Z_2却处于绝对劣势，我们将这些部分进行划分归类，不难发现Z_7、Z_{10}、Z_1三家公司差距较小，且均实力较强，因此归为甲等，而给予他们的建议就应该是追求稳定，保证这一方面的优势不会丢失，同时稳步前进，保证整体的每一部分均位于前列，进而促进整体优势最大化；Z_6、Z_8、Z_9三家公司位于中游位置，我们将其定义为乙等，给予他们的建议是放大步伐，在保证整体公司稳定的前提下，大胆革新，同时领导层认真学习进步，敢于对有相应调查研究的员工所提出的相应建议进行决策，大踏步向前，以保证获得更大效益;Z_2、Z_3、Z_4、Z_5四家公司由于各类问题,在这个项目上获得的分数较低,分为丙等,究其原因还是体现在领导层的决策不果断,对此我们所提出的建议是,加大领导层的学习力度,同时敢于提出新的决策、破而后立,唯有这样大刀阔斧的改革才能真正让这类公司在这一项目上逐渐缩小差距,最后达到赶超的目的。

通过观测 H_2的各项指标,作为样本的 10 家公司高新技术的开发环境也是良莠不齐,而且各种差距中还存在着大量的隐形忧患,通过观测数据们我们可以看到Z_3在这一项目上具有着绝对优势,而 Z_{10}的处在一个绝对劣势的状态,我们将这些部分进行划分归类,将优势明显的 Z_3公司定义为甲等,短期目标就是保证优势,将稳定放在第一位,注重整体的齐头并进,不要出现木桶原理,让某一单方面的缺少影响到全局;Z_1、Z_2、Z_4、Z_5、Z_6被我们定义为乙等,其原因就是在开发方面没有强大的自主知识产权,唯有通过借助他人的力量才能发展,我们给予的建议就是加大开发投入,真正做到大投入,高产出,只有打破瓶颈才能让这类公司重燃生机;Z_7、Z_8、Z_9、Z_{10}这些公司在开发决策方面过于优柔寡断错事太多发展机会,因此谋取决策层在决策方向上的突破就是这类公司发展的关键。

通过观测 H_3的各项指标,我们可以将 Z_2定义成甲类,原因是我们可以看到其公司已经成功地将优势转化为资金优势,将其转化为产能,进而转化成利润,从整体方面促进了公司整体经济的进步,这样的优势源源不断地给公司带来更大的经济效益,又辅助了其他部门的发展;Z_1、Z_3、Z_5、Z_6、Z_8、Z_7这被我们定义为乙类公司,他们的主要特点体现在制度存在一定问题,同时管理水平达不到和公司相同的水平,导致这类公司不能发挥出他们应该能达到的发展速度,同时对于创新的认识度不够也是导致这些公司只能屈居第二梯队的主要原因。Z_4、Z_9、Z_{10}作为丙等公司,在各个方面都存在较大弊端,因此单纯地让某一部分进步完全达不到根治的目的,唯有整体进步,一荣俱荣,让公司上下形成强大的凝聚力,同时领导对此提供相应的正确领导,将公司引领到正常的轨迹上才能让公司破茧成蝶。

H_4的分类要比其他因子更加烦琐,也更加精确,就扩散环境这一部分来说,认真探究后细致的分类是具有非常巨大现实意义的。Z_1的扩散环境条件非常适合其公司长期的发展,因此将其定义为甲等,从中我们也可以发现适合本公司长期发展的才是最优秀的,能够让公司发挥出最大的经济效益,让公司保持长久的盈利。而Z_9的扩散环境远远达不到其公司的应该具有的标准。因此我们将 H_4企分成四个等级,Z_2、Z_7可以定义为乙等,他们的特点是推广环境有值得推崇之处,但是无法引领整体进行大的进步。因此应该加大对各个单一问题的攻关力度,让一样精,变为百样强,最后升级到百样精。Z_4、Z_8被定义为丙等,其扩散环境基本上与公司的联系不大,制约了公司的温建宁发展,解决办法是加大各个环节之间的联系,形成一个整体之后由决策层进行决策从而达到让公司整体进步的目标。Z_3、Z_5、Z_6、Z_9、Z_{10}只能被定义成丁等,这些公司存在着制度问题,严重制约了其扩散环境的发展,同时也为公司的长远发展埋下了巨大的隐患。我们通过分析,认为这三个公司应该加大培训力度,引进先进技术,更换原有的营销方式,让整个公司的传媒,营销进入一个新的时代,才能保证公司不会被淘汰。

通过以上的分析可以看出,本章的实证研究反映了样本企业的实际情况,从而对样本企业创新能力的改善有一定的借鉴作用。通过上面的数据以及文字分析,我们发现创新环境是一个有机的整体,在这个大的整体里,各个样本公司都有其自己最为优势和劣势,因此公司内部求同存异,协调发展,改善自己的弊端,发挥自己的优势,才能让自己在工业 4.0 的背景下脱颖而出,在新一轮产业革命中抢得先机,也只有这样,黑龙江省的高新技术企业才能获得真正的突破,引领黑龙江省经济走向辉煌。

7.4 本章小结

本章选取了黑龙江省 10 家高新技术企业进行了实地调研,由于所调查内容涉及商业机密,所以本章将 10 家所调研的企业以及原始数据隐去,只显示了高新技术企业创新能力评价的原始指标值及运用 SPSS17.0 软件对原始数据进行标准化后的结果进行因子分析方法分析;对黑龙江省 10 家高新技术样本企业创新决策能力、开发能力、实现能力和扩散能力四个子系统进行实证评价,并对 10 家样本企业的创新能力进行了综合打分;对 10 家样本企业的创新能力进行了最后排名,并对排名情况进行了分析,为企业改善创新能力具有很好的借鉴作用。

第8章 保障黑龙江高新技术企业创新能力的对策

8.1 保障黑龙江高新技术企业创新外部能力的对策

8.1.1 提高黑龙江省经济发展水平

黑龙江省经济发展水平相对落后，企业面临的宏观经济能力，如财政、税收、金融等方面有待于改革和完善，就目前来看还难以满足黑龙江高新技术企业创新的发展要求，因此，要加强在财政、税收、金融等方面的体制改革。经济发展水平的提高，才能为黑龙江高新技术企业创新能力的改善提供强有力的物质保障，才可以吸引更多、更优秀的创新人才留在黑龙江、来到黑龙江，从而为黑龙江高新技术创新能力的提升，提供强有力的智力支持。

8.1.1.1 深化财政领域的改革

想要进行相关的体制改革，就必须首先明确其目的，财政改革的核心是让财政税收变得更加有效率，确实做好合理税收，因此笔者指出，如果想将黑龙江省的财政体制改革落实到实处，就必须使用分税制，同时建立大量的硬性指标以保障整个财政制度的整体运行，同时对黑龙江省财政政策进行加强财政管理的体制改革，采取分税制。当分税制体系明确并建立之后，保证权责对应，可因人设权，因事定权，让权力最大限度上服务于财政政策方面，让政策也能真正落实在实处，落实在细微之处。

随着经济不断发展人均消费不断升高，加上各个部分经济的整体拉动导致物价不断上升，为防止出现物价出现问题，必须深化预算体制，加强各部分财政预算的准确性，改进预算方式，让财政赤字逐渐减少，最大限度深化集中收付制度改革。

加强财政收入、支出等管理制度的改革，不断完善政府财政转移支付和采购制度，充分发挥政府财政的收入分配调节、经济稳定及资源配置的功能。对于资金的收支情况进行专项管理，专款专用，让其管理不再是形式化，而是真正成为制约资金乱用的武器。

8.1.1.2 深化税收制度的改革

黑龙江省税制要进行大胆的革新,逐条将黑龙江省税制呈现出的弊端予以革除,同时重视税率杠杆的使用,让其充分发挥其乘数效应,通过税率的杠杆将公民的贫富差距逐渐缩小,营造出相对的公平,也通过杠杆税制,让整体经济更加合理的发展。

同时,要不断完善税收法律制度、会计、统计以及审计等方面的制度,在经济信息披露不断透明化的背景下,应该不断加强税收管理,提高全民纳税意识,对纳税工作中存在的增值税治理、所得税流失等问题进行根本上的治理,对偷逃税款等行为要给予严厉的打击,从而加强税收制裁的约束力,真正体现税收的法律强制性。

8.1.1.3 深化金融体制的改革

不断改革产权制度,打破政府的金融垄断格局。长期以来,银行业、保险业等金融领域都由国家垄断,使得消费者对于金融服务的选择受到极大的限制,金融业之间也缺乏真正的竞争,国家很难实现对独资金融业的全面监管,如果爆发金融危机,国有产权属性的金融风险将会全部到国家,对于金融风险和危机的防范有着极大的影响。体制改革中,所有权的归属是非常重要的,只有让更多的人有机会参与到管理之中承担更大的责任才能更好地调动他们的主观能动性。

2. 黑龙江省商行整改,让其整体呈现出不断提高的态势,从而给黑龙江省金融发展提供良好的孵化场地。同时,构建有效率、有信誉、有口碑的商行体系,达到让黑龙江省金融业的竞争能力提升,让黑龙江省金融业可以突破地域的限制,最终达到跨地域的目标。

现如今,经济发展速度过快,各种高新技术的应用,导致了各种金融风险的不断出现,因此必须将风险预防作为核心,当风险预防不到位时,所带来的后果将无法弥补。因此,由专业的科技人员和相关技术人员将各种相关因素、监督以及高精尖技术进行结合,从而制定出专业的管理制度,推动黑龙江省金融业快速发展。

8.1.2 加强黑龙江省资源能力建设

黑龙江省具有极为辽阔的黑土地,而黑土的产量极高,黑龙江省便立足于此,成为以农业为主的地区,但我们必须认识到,科技进步必然导致生产力的提高,所需的劳动力也必然减少,那么黑龙江省的就业率必然下降,同时人口的增加也会导致资源的需求量不断增加。黑龙江高新技术的发展在很大程度上可以解决这样的问题,提供更多的就业机会,缓解各方面出现的压力,因此黑龙江省的高精尖技术的发展具有深远的意义。

8.1.2.1　人口资源能力建设

科学发展观不能只停留在语言上,而应该真正深入人心,只有这样才能在宏观上促进体制改革,微观上保证相关公司进行革新,上下其力,各级部门齐心,最终将创新真正的实现。同时,加深对科学发展观的宣传力度也可以提升国民基本素质,因此,以科学发展观作为核心的人口发展战略就成了提高国民各项素质的重要指导性战略,各级部门必须提高重视程度和相关的专业程度,让人口资源环境真正得到优化。

8.1.2.2　国土资源能力建设

现如今,随着社会的发展,各项资源的过度开发使我们必须将节约作为未来发展的指导方针,要在社会各界的共同努力下,将社会建设成高新科技支持的集约性社会,减少土地浪费,降低整体的流失率,让黑龙江省的土地得到最大限度的利用。

8.1.2.3　环境保护建设

在环保方面,应该不断推动经济循环,加大力度进行清洁生产,并对各种污染行为进行严厉治理和约束,不断推进生态保护和建设工作,促进黑龙江高新技术企业创新能力的提升。

8.1.3　完善黑龙江省法律政策能力

黑龙江高新技术企业创新需要有完善的法律政策的保障,黑龙江省的法律,法规还不够健全,政策还不够完善,这在某种程度上会制约高新技术创新的发展。

8.1.3.1　国家政策向高新技术创新企业倾斜

目前,黑龙江高新技术企业集群的创新条件和外部能力仍不够健全,很多企业为了追求短期效益,往往不重视提高产品的创新层次,如果缺乏政府政策支持而盲目开发创新产业,很可能使企业陷入低回报高投资的经营风险中。基于此种情况,国家应该充分发挥宏观调控的功能,对创新企业进行相应的补偿和鼓励,推动企业积极进行创新投入,开展创新活动,如在审批企业用地时,不应该单纯地考虑企业纳税金额,还应该全方位地考虑企业的创新投入、产品技术含量、研发条件等,并将此作为综合评判的标准,这样就能够在极大程度上推动企业创新;此外,对于高新技术企业采取税收优惠政策,也能够充分调动企业的创新积极性。

8.1.3.2 政府优惠扶持政策向高新技术企业倾斜

就高新技术的政策方面来说,政府能给予多大的扶持就能获得多大的收益,我们可以发现,高新技术的研究不仅仅集中在大财团,大公司,很多小而精的公司因为有相应的技术支持也将高新技术做得非常优秀,逐渐呈现出扩张的趋势。我们必须认识到每一次的技术革新都会出现大量的新贵公司,同时高新技术企业对于资金的要求较低,对于技术的要求高。这样就给很多专业人员提供机会,这对高新技术企业的发展有着重要意义。

8.1.4 加强黑龙江省创新市场能力建设

高新技术企业创新需要有完善的市场机制,目前,黑龙江省高新技术的的供求、价格、竞争、风险等要素之间的相互联系还不是很强,作用机理还不是十分通畅,这些都会阻碍黑龙江高新技术企业创新的发展。

8.1.4.1 加强市场监管

任何一个市场若没有制约力量的出现都会出现混乱的情况,同时当这种情况一直存在时,必然会出现大量的垄断以及各种暗中操作现象,以至于市场呈现出无法长期发展的情况。因此,如果想保证市场的公平和合理,政府必须制订出相关的管理方案,通过建立专门的监管机构,形成责任连带制,让领导与最终的各项事宜联系在一起。只有这样,才能保证市场向公平的方向发展,通过政府的牵引才能让整个市场氛围变得更加优秀,将整体的改革变得高效起来。

8.1.4.2 营造竞争有序的市场能力

市场是经济发展的必然产物,因此,市场的优劣也直接影响了经济的发展情况。如何构建一个公平有序的、真正能让交易的每一方都获得收益,而且是符合我国国情的社会主义体制下的市场就成了政府必须思考的问题。市场不是慈善组织,任何不符合其发展规律或者拖后腿的公司都将被淘汰。政府需要做的就是防止恶意竞争,让市场变得更加有序稳定。

8.1.5　加强科学技术能力建设

8.1.5.1　提升社会科技水平

工业技术的革新核心就是科学技术的应用，第一次工业革命以来，这一观点不断被验证，而科学技术的进步则是高端人才智慧的产物，而高端人才则是由高等教育机构提供相应的理论基础，因此，我们可以认为社会的整体进步在很大程度上是由教育机构所推动的。因此，如何进行相应的教育体制改革，让高等教育机构的教育内容更加专业化、实用化，就显得尤为重要。

8.1.5.2　深化科技体制改革

深化科技体制改革，就要不断深入贯彻并落实科学发展观，加大科教兴国战略的实施，坚持自主创新、重点发展的原则，以增强高新技术企业自主创新能力为主要目标，以推动科技创新与社会经济发展结合为主题，重点解决科技创新过程中存在的典型问题，充分发挥科技在社会经济发展和经济模式转变中的主导作用，加快创新体系的建设；应该不断增强高等院校和科研机构的社会服务功能，加强统筹协调，促进协作创新，优化整体结构，推动科研机构的改革，促进资源互补、信息共享，并建立集基础开发、应用研究、技术创新以及成果推广于一体的整体发展机制，切实增强国家创新体系的功能；应该充分发挥政府在市场资源配置和经济市场宏观调控的作用，通过健全科学技术项目、创新管理制度、科技奖励机制等，为高新技术企业创新发展提供正确的创新导向。

8.1.5.3　加强科技交流与合作

加强科技交流与合作，就是要搭建地方与高校、科研院所的交流合作平台，加强科技政策与经济政策的统筹协调，引导和促进高校、院所参与地方科技创新建设；加快构建以企业为主体、市场为导向、产学研相结合的技术创新体制，鼓励企业与科研机构、大专院校等联合研发关键共性技术，共建工程实验室和专业技术平台，加强对科学技术人员研发创新的鼓励，采取多样化的形式开展企业合作研发和创新；加大对科技部门和相关机构的绩效评估和监督管理；不断健全科研机构的信息共享机制，实现科技资源的有偿共享，提高科技信息、数据的社会化应用。

8.2 保障黑龙江高新技术企业创新内部能力的对策

自主创新人才是高新技术产业健康发展的坚实基础。一方面,在创建创新型高新技术产业发展过程中,我国高新技术产业将加快调整产业结构,形成对国民经济具有带动作用的高新技术产业集群。产业结构的调整要求人才结构相应调整,不断加强对各类人才特别是高层次创新型人才的培养,促进人才结构与高新技术产业发展状况相适应。另一方面,加快建设集约型高新技术产业,转变经济增长方式,优化产业组织模式,推进专业化生产和集约化发展,全面提高各类人才的能力和素质,从根本上促进劳动生产率的提高。

8.2.1 加强创新人才管理

高新技术企业创新是个系统工程,需要协调各方面的人力、物力,要加强对创新的管理。黑龙江高新技术企业的创新管理方法不是十分先进、创新管理制度不是十分健全、创新管理机制不是十分完善,这些都对高新技术企业创新带来不利影响。

8.2.1.1 严格创新人才的选拔

创新人才选拔是创新人才队伍建设的起点,关系到创新人才队伍建设的成效,应按照高新技术产业创新人才的素质要求,从思想、政治素养、学术水平和创新能力等方面进行全面考察,开阔视野,不拘一格,在全世界范围内选拔优秀人才;要坚持“高标准”和“择优录用”相结合,把好录用关,坚持非等额选拔和公开透明原则,从多个对象中进行择优;要借鉴西方发达国家在全球范围选拔创新人才的成功经验,肯下功夫,肯下投入,肯花时间在世界范围内进行创新人才的选拔,切实做到人才选拔高标准、高起点、高待遇,宁缺毋滥。

在完善行政手段推动人才配置的前提下,要尽早着手建立高新技术产业人才资源市场配置机制,充分发挥人才市场的杠杆作用,真正搞活科技人才的流通渠道,构建促进我国高新技术产业发展和进步的科技人才配置框架结构,该机制能够有利于科技人才队伍培养、成长、壮大,并且能够持续地进行体制创新。

8.2.1.2 优化创新人才的配置

在优化人才配置的过程中,应该强调创新人才组合配置,结合一线强、二线精的思想，不断优化黑龙江高新技术企业创新人才配置。通过有效的人才配置和资源组合，建立一个知识互补、协作默契、创新科学的人才梯队，以充分发挥创新人才的尖端引导作用，带动整体团队实现优质创新。

同时，在人力资本分配时，也必须保证将各个团队的水平分成几等，组织最强的团队进行重点难点的突破，这样就形成了等级内部竞争，等级外部合作的形式，让整个创新人才团队稳步整体前进。

建立与高新技术产业改革和发展相适应的博士后工作管理体制，加强高新技术产业科研生产单位博士后科研流动站和工作站建设，围绕高新技术产业重点学科专业，增加建站数量，扩大在站博士后研究人员规模。要充分发挥博士后人才在高新技术产业创新中的作用，着力提高博士后研究人员的创新能力，努力造就一批拔尖创新型人才，取得一批创新成果。

8.2.1.3　改善创新人才的使用

1. 要敢于大胆破格启用拔尖人才

人力资本不同于其他资本，它是一种可变的，无法衡量的资本，因此对于人力资本的使用必须灵活，要勇于使用各型各色的具有专业知识的人才，要将英雄不问出处的思想落到实处。只有这样全面地使用各种人才，才能让人力资本最大限度地为创新作出贡献。

2. 要建立竞争择优、绩效提升的高新技术企业用人机制

创新成果在很大程度上可以用其具体的实际成果进行衡量，因此将绩效制度引入是非常具有现实意义的，绩效评价考核制度可以将每个人的完成情况进行量化表述，让竞争结果变得更加简洁，同时也可以加大各个岗位之间的竞争，保证整体的快速进步。

3. 要赋予创新人才一定的工作选择权与自主权

对于创新尖端人才，应该放宽工作监管，并在一定程度上允许其选择工作内容、时间、合作人员及地点，甚至还可以充分结合人才的个性发展需求，进行特定的工作设计，以提高创新人才的创新积极性和效率。

8.2.1.4　健全创新人才的评价

1. 建立高新技术企业高层次人才评价体系

对创新人才的评价，应该坚持德才兼备原则，将创新能力放在第一位，以创新业绩为主要依据，并充分结合道德素质、学术知识等方面，建立具有特色的高新技

术企业人才评价体系和人才综合考评机制。

2. 设计评价统计方法和量化技术

根据高新技术产业人才分类的不同要求,按照各行业的不同实际情况,对基础研究、应用研究及工程技术开发的不同领域制定不同的评价标准,并确定相应的指标内容和指标结构,并进行要素拟定、标志选择和标度划分,设计统计方法和量化技术。

3. 改进高层次人才评价方法

不断完善高新技术人才的评价方法。在国家教委及相关部门的引导下,建立专业的创新人才评价机构,采用现代人才测评技术进行科学、客观的评价。

8.2.2 加大 R&D 经费投入

高新技术企业创新需要人大量的 R&D 经费。目前,黑龙江高新技术企业创新面临经费难以保障的局面,经费的不足妨碍了高新技术企业创新的快速发展。

8.2.2.1 加强对 R&D 经费投入的认识

高新技术企业谋求创新必须有庞大的资金进行支持,这也是很多小微公司具有技术却无法展开研究的原因。经费缺失的现状不只体现在小微公司,很多大公司目前也存在有自主技术创新的规划,却无法承受其所需的各项资金的情况,打破资金缺失的僵局就必须依靠各种民间资本等形式的注资。

8.2.2.2 推进企业研发机构和科技平台建设

企业家的创新意识、眼光和魄力对企业发展具有决定性的影响,能够促使企业加大研发投入,大力开展技术创新。公司的决策层是整个公司的大脑,对整个公司的发展起到决定性的作用,因此组建相关培训,扩大他们的眼界,给予他们相应的知识辅导以及整体宏观现状的阐述说明都能帮助他们提升管理水平,也能促使他们对于整体背景下创新的重要认识,同时,相应的平台能给他们提供沟通交流的机会,只有这样才能让创新氛围更加浓厚。

8.2.2.3 加大招引高新技术企业和高科技人才的力度

高新技术企业对于提高黑龙江省 R&D 经费支出具有突出、直接的作用。在招商引资工作中,应注重加强对高新技术企业的引进力度,吸引高新技术企业到黑龙江来。同时,出台优惠政策鼓励和吸引高科技领军人才带团队、带项目到黑龙江来。最后为各种创新团队、项目提供相应的场地支持、税率支持等等,让他们可以无后顾之忧地进行创新发展。

就人才方面来说必须保证两个方向同时入手。第一,加大教育力度,保证教育质量,保证未来的人才供应。第二,加大人才引进力度,给予相应的补贴。

8.2.2.4　增加政府对科技的投入

一直以来,黑龙江省的地方财政收入较少,导致黑龙江省对于高新技术的创新有心无力。因此,黑龙江省加大相关科研经费的投入,势在必行。

8.2.3　改善企业创新人才学习环境

高新技术企业创新需要创新人才不断学习,学习能力的好坏又对高新技术企业创新能力有着直接的影响。

8.2.3.1　改善学习环境

黑龙江高新技术企业创新需要大量的创新人才,同时需要创新人才的不断学习,良好的学习能力对创新人才的学习效果起着很大的影响。因此,高新技术企业要改善学习能力,多种形式建立设计中心、研发中心和工程技术中心;鼓励省内企业与外资建立合资研发中心,同时吸引跨国公司在高新区内设立研发中心;高新技术企业集群应该不断健全公共平台基础设施建设,为加强高新技术创新协作奠定坚实的基础。

8.2.3.2　提高学习氛围

企业要通过激励机制鼓励员工加强学习,形成良好的学习氛围。在企业中形成人人需要学习、人人热爱学习、人人愿意学习的良好学习氛围。相应的激励行为也是保证这种氛围持续的关键,领导一定要做好相关的奖励工作,这样才能保证最终的创新氛围能够保持住,从而达到为创新提速的作用。

8.2.4　加强营销能力建设

现如今,服务业的发展已经让营销深入人心,无论是网络操作,还是实体促销,其方式都在很大程度上带领公司走向了更高层次。想要做到促使黑龙江省高新技术企业创新,中间的营销环节的创新必不可少。黑龙江省当前大部分公司的营销方式集中体现在降价促销、广告营销、路演等传统的营销方式,这些方式在当今远远达不到我们所预期的目标,运用一些新式营销手段,如网络营销、事件营销、联合营销等方式。如果处理得当,一定会让黑龙江高新企业在营销环节获得质的飞跃。

8.2.4.1　加强对营销的认识

高新技术企业的创新成果需要靠营销手段向市场推广,营销对产品的推广起着至关重要的作用。因此,企业要加强营销观念,提高对营销的认识。传统公司对于广告的认可程度较高,认为广告就是营销,降价就是营销。这种传统的思想极大地制约了黑龙江省相关公司的营销质量,从而导致黑龙江省公司无法做大做强,知名度低导致的结果就是消费者认可度低,销售额始终无法提升。因此,我们必须切实将营销和高新技术结合起来,促进创新成果的推广。

8.2.4.2　加强对营销人才的培养

产品的营销需要一定的营销人才,营销人才需要丰富的营销知识和营销经验,因此,加强对营销人才的培养,有利于企业产品的营销,有利于将产品向社会推广。营销不是短时期的偶然行为,而是长期了解消费者心理和对各种事件进行整理之后所产生的行为。因此,构建专业的营销团队就成为每个公司开拓市场时不可或缺的一部分。

8.2.4.3　加强对营销能力的管理

高新技术企业创新营销能力的管理是一项系统工程,需要大量的工作,要将营销目标、手段、方法、人员、途径等统一协调、统一配合,对营销能力管理到位,才能发挥营销的作用,同时,在某种程度上改善企业的营销能力。

8.2.5　加强生产环境建设

高新技术企业创新最终必须转化为相应的产品才有实际意义,因此将生产环境进行整改就显得尤为必要。黑龙江省大量公司厂房脏乱差,安全程度不高,为此,公司每年因为安全问题都损失大量资金,同时,因为生产环境的不达标,很多创新工作都无法展开,导致最终的创新往往停留在某一方面。因此生产环境必须进行整改,这不仅仅是卫生问题、安全问题,同时也是公司的责任心问题。良好的生产环境也能提升科技专家的创新信心。

8.2.5.1　完善高新产业园区体系

首先,要促进高新技术园区的社会服务机构的民营化发展。在黑龙江省的高新技术创新领域,大多社会服务机构多是为政府开设的,民营机构在其中占据的比例极小。而国家政府对黑龙江高新技术企业的直接引导与支持容易使企业形成依赖性,对于其自身的长远发展有着不利的影响。而民营服务机构则不然,他们可以针对企业需求作出快速和灵活的反应。所以,政府应该大力鼓励和促进高新技术园区社会服务机构的民营化发展,政府开设的社会服务机构主要用于大型的网络建设服务,而民营的社会服务机构可以提供高新技术企业与政府之间的沟通渠道。

其次,大力推动高新技术企业与社会机构的结合,建立创新人才培训的社会服务机制。高新技术企业应该不断加强与高等院校、科研机构之间的协作,将孵化器建立在这些机构、院校的附近,方便加强产、学、研的创新协作,实现优势互补、资源互通、信息共享。与此同时,各大学、科研院校等机构也应该建立创新人才培训服务机制,为高新技术企业培养高素质的管理人员和技术人员,推动高新技术企业的创新发展。

8.2.5.2　建立相互依存的产业生产链

黑龙江省高新技术园区应该重视高新技术产业网络体系的构建,加强高新技术企业之间的协作、分工和网络化发展;要深入探究现阶段黑龙江省高新技术产业网络化进程的现状及问题,以大型企业为带动力量,重点发展其他地区的高新技术企业园区建设,加强黑龙江省特色产业集群的建设,从而充分发挥集群创新的优势,带动全省高新技术企业创新的整体发展;要鼓励一些大型的高新技术企业实现产业分解,建立自身配套的分工协作关联企业,通过自身内部创新主体之间的协作分工,形成具有自身特色的创新体系。

8.3　本章小结

黑龙江高新技术企业创新能力建设是一项复杂的系统工程,是推动龙江经济发展的重要力量。本章通过对如何提高黑龙江省经济发展水平、加强黑龙江省资源能力建设、完善黑龙江省法律政策能力、加强黑龙江省创新市场能力建设、加强科学技术能力建设等外部能力建设和加强创新人才管理、加强 R&D 经费投入、改善企业创新人才学习能力、加强营销能力建设、加强生产能力建设等问题提出对策,以使黑龙江高新技术企业创新能力得到改善,保障黑龙江高新技术企业创新能够持续、稳定、快速发展。

后　　记

随着高新科学技术的飞速发展，高新技术企业的发展已经成为决定一个国家前途和命运的重要因素，是推动经济发展、促进社会进步的关键力量。因此，本书正是基于这样的背景，在对国内外有关高新技术企业创新能力现状进行分析的基础上，结合黑龙江高新技术企业创新能力发展现状对黑龙江高新技术企业创新能力进行系统研究。取得结论如下：

1. 为改善企业创新能力提供了方向

通过对创新能力现状的研究，为黑龙江高新技术企业改善创新能力提供了方向。

本书通过对美国、日本、欧洲以及发展中国家高新技术企业创新能力的研究，并结合黑龙江高新技术企业创新能力的实际情况，从国外高新技术企业创新能力发展过程中得到的经验及启示中可以看出，黑龙江高新技术企业创新能力在近20年取得了很大的成果，但其仍面临很多风险和挑战，市场机制还尚欠规范，知识产权保护力度还不够，创新的投入缺乏健全的评价机制，使得创新投入与产出的效率无法正确判断；缺乏科学、持续的人才引进机制，使得创新人才的积极性很难得到激发，创新决策水平普遍不高，使得创新的有效率较低，未能形成具有特色的地方创新文化等。

2. 为提升企业创新能力明确了职责

通过对创新能力影响因素的研究，为黑龙江高新技术企业提升创新能力明确了职责。

本书对黑龙江高新技术企业创新能力的内部影响因素和外部影响因素进行了深入研究，外部因素主要包括宏观企业经济实力因素、资源因素、法律政策因素、市场因素、科学技术因素、社会文化服务因素六个方面的因素；内部因素主要包括创新管理因素、R&D 投入因素、学习能力因素、营销能力因素、生产能力因素等五个方面的因素，对这些影响因素的研究为构建黑龙江高新技术企业创新能力指标体系打下了良好基础。就黑龙江省实际情况看，这些影响因素在某种程度上还制约着黑龙江高新技术企业创新能力的增强，因此 ，要加强对创新能力的深入研究和实证研究，提高高新技术企业创新能力。

3. 为评价企业创新能力提供了参考依据

通过能力系统构建和对创新能力指标体系的研究，为科学评价高新技术企业创新能力提供了参考依据。

本书结合高新技术企业创新能力的影响因素，构建了高新技术企业创新能力决策、开发、实现、扩散四个子系统，并对四个子系统系统机制进行了研究。在此基础上，运用层次分析法构建了高新技术企业创新能力指标体系，对指标体系进行了分析。通过指标体系的构建和对指标体系的分析，可以对高新技术企业创新能力进行系统研究，并对其创新能力的评价具有了可靠的参考指标，为科学评价高新技术企业创新能力提供了参考依据。

4. 为提升改善企业创新能力提供了参考作用

通过对高新技术企业创新能力指标体系进行的实证研究，为提升创新能力、改善创新能力起到了参考作用。

本书在构建高新技术企业创新能力指标体系的基础上，运用因子分析方法，根据实际调研获取统计数据，以黑龙江省 10 家高新技术企业为样本，将构建的黑龙江高新技术企业创新能力指标体系进行实证研究，并对其研究结果进行了深入的分析，为改善黑龙江高新技术企业创新能力、提高黑龙江高新技术企业创新能力起到了很好的借鉴作用。

5. 为提升、改善企业创新能力提供了思路

通过对影响高新技术企业创新的内部影响因素和外部影响因素的研究，提出了改善黑龙江高新技术企业创新能力的对策和建议，为改善创新能力和提升创新能力提供了思路。

本书从高新技术企业产业可持续发展战略的视角，结合黑龙江省高新技术产业创新能力的实际，提出了改善黑龙江高新技术企业创新能力的对策和建议，为高新技术企业持续竞争优势的获得和创新能力的提升提供了新的发展思路，高新技术企业创新能力决定着高新技术企业在市场竞争中的地位，也对产业竞争能力和国家竞争力有着直接的影响。

高新技术企业创新的研究是一项系统的工程，本书仅仅对高新技术企业创新能力指标进行了研究，构建了高新技术企业创新能力评价指标体系。由于时间有限，本书在实证的研究分析过程中，所选取的样本范围和数量还有限，使具体成果的实践性和应用性受到一定的影响，该问题有待于以后进一步的深入研究。

附　录
黑龙江高新技术企业创新能力评价指标调查问卷

您好：

首先，万分感谢您能在百忙当中填写此调查问卷表，我们研究团队拟对黑龙江高新技术企业创新能力系统进行评价，需要您对黑龙江高新技术企业创新能力的评价指标进行评判，您的问卷结果对该项研究计划的科学性和适用性将起到十分重要的作用。

您是高新技术企业创新领域的管理者和专家，您的宝贵意见对本项研究具有相当重要的意义。本问卷所获得的资料，纯粹为学术用途，对您所提供的资料绝对保密，敬请放心填答。

黑龙江高新技术企业创新能力系统评价指标研究调查组

2010 年 12 月

1. 填报指南

(1)填写人所在单位信息

本部分旨在调查黑龙江高新技术企业创新能力的相关基本情况，包括企业名称、所在行业、经营类型，填写人所在部门、职务、工龄，以及对黑龙江高新技术企业创新能力的一般认识。

(2)可获得的定量数据的填报

本部分旨在调查黑龙江高新技术企业创新能力系统评价指标的相关定量数据，对于指标的含义，本次调查表或问卷均附带各项指标的具体解释和计算。

(3)基本定性数据的填报

本部分旨在统计被调查者的基本信息以及所处高新技术企业的基本信息，本部分仍采用五分制打分法。需要进行打分的指标也包括两个部分：第一部分是针对指标的重要性进行评价和打分，若认为该项指标极为重要，打 5 分；重要，打 4

分;一般,打 3 分;不重要,打 2 分;极为不重要,打 1 分。第二部分是根据贵企业的实际情况对各项评价指标进行打分,若认为该项指标贵企业做得很好,很优秀,打 5 分;比较好,打 4 分;尚可,打 3 分;较差,打 2 分;极差,打 1 分。具体分值只需在对应的表格中记“√”

2. 基本情况

(1)被调查者所在企业名称:________________________

(2)被调查者所处行业:________________________

(3)被调查者所在部门、职务:________________________

3. 问卷资料填写

针对下列黑龙江高新技术企业创新能力系统评价指标体系,请依照问卷填写指南依次填写,再次表示感谢。

附表　黑龙江高新技术企业创新能力系统评价指标初选

序号	指标名称	指标重要性				
		5	4	3	2	1
1	政策稳定性程度					
2	政策连续性					
3	政策实施能力					
4	企业经济实力					
5	经济发展水平					
6	年度科研经费支出					
7	产业结构水平与方向					
8	决策者的创新意识					
9	管理者的决策水平					
10	科研人才规模					
11	企业科研人才素质					
12	法律法规的完善程度					
13	政府的扶持力度					
14	国家的法律保护					
15	企业的技术地位					
16	高新技术企业进入的难易程度					

序号	指标名称	指标重要性				
		5	4	3	2	1
17	相关部门的工作效率					
18	社会人才的教育水平					
19	技术人员占员工的比重					
20	高科技人员占技术人员的比重					
21	R&D 经费占企业利润百分比					
22	R&D 经费占工业总产值的比重					
23	R&D 经费占企业支出百分比					
24	在研的创新产品数量					
25	创新研发的风险成本					
26	创新产品的市场预期					
27	创新相关技术信息的获取					
28	创新产品产值占工业总值比重					
29	创新产品销售利润占企业总利润的比重					
30	创新产品的研发周期					
31	创新新产品的数量					
32	创新过程中申请专利数占总研发项目的比重					
33	创新产品市场占有率					
34	创新产品出口额占总出口额的比重					
35	创新产品市场竞争					
36	创新专利保护					
37	创新产权出售保护					
38	创新产权保护监控					
39	创新产权扩散风险分析					
40	创新产权扩散风险监测					
41	创新产权侵权风险分析					
42	创新产权侵权风险监测					
43	创新产权被侵权风险分析					
44	创新产权被侵权风险监测					

序号	指标名称	指标重要性				
		5	4	3	2	1
45	创新产权风险监测机制					
46	创新产权危机处置机制					
47	创新产权危机处置方案					
48	创新产权危机响应情况					
49	创新产权危机防范情况					
50	创新产权纠纷处置情况					
51	创新产权危机评估情况					
52	对现有危机处置情况					
53	新产品推广与促销能力					
54	市场规范度					
55	营销人员的素质					
56	营销人员的人际关系					
57	运营人员的业务水平					
58	企业运营机构的完善程度					
59	运营方案					
60	运营制度的规范程度					
61	产品的差异化程度					
62	产品的满意度					
63	产品的质量三包情况					
64	创新产品品牌价值					
65	创新产品品牌声誉					
66	创新产品品牌满意度					
67	创新产品品牌推广					
68	创新产品品牌创新					

参 考 文 献

[1] 中国科技发展战略研究小组.中国区域创新能力报告 2010—2011[M].北京:知识产权出版社,2012.

[2] 埃里克·冯·希普尔.技术创新与企业竞争力[M].王琳琳,译.大连:东北财经大学出版社,2001.

[3] 常风.美国高新科技工业未来发展模式[J].国防科技,2009(9):66-72.

[4] 管益忻.发展中国家技术引进与创新的关系[J].国际技术经济研究,2000(7):66-69.

[5] 熊彼特.经济发展理论[M].中译本.北京:商务印书馆,1990.

[6] E. Mansfield, Schwartz. L. C. Managing Complex Networks - Key to 20st century Inovation Success[J]. Research Technology Management. 1964(7):15-18.

[7] Douglas C. North Chiesaet. Development of Technical innovation Audit[J]. IEEE Engineering Management Review, 1978:56-78.

[8] Larry E. WestPhal, Yung W. Rhee and Garry Pursell. Sources of Technologic Capability in the Third World[M]. Edited by M. Fransman and K. King, 1989(6).

[9] Eric. B. Arthur. Wellsprings of Knowledge: building and sustaining the sources of innovation[M]. Boston: Harvard business school Press, 1994.

[10] Michael. Piore. F. The Economics of lndustrial Innovation[M]. Boston: The MIT Press, 2004.

[11] Reichez D L. The case for integrative innovation: an expert system at digital[J]. Solan Management review, 1983(1):29.

[12] Katz V E. Development of a Technical innovation Audit[J]. IEEE Engineering Management Review, 1985(9):3-7.

[13] 原正行,朴松爱, 何为译.全球化时代的日本经济[M].大连:东北财经大学出版社,2003.

[14] 金麟洙.从模仿到创新[M].北京:新华出版社,1998.

[15] 徐国祥.统计预测和决策[M].3 版.上海:上海财经大学出版社,2008.

[16] Bo. Roman. Te. Knowledge Innovation: The Common Language [J]. Joumal Of Technology Studies,1997(3):10 - 12.

[17] Pat. D · Shenbar. Regulation as a Means for the Social Centre1 of Techno1ogy Analysis And Strategic Management [M]. Oxfordshire: Oxford University Press,1995.

[18] Palin. L. C. Process and product innovation in a vertically differentiated monopoly [J]. Economics Letters,1998(8):41 - 46.

[19] Melaart. D. The Nature of Innovation Market Failure and the Design of Public Support for Private Innovation[J]. Elsevier Science,1999(9):66 - 70.

[20] Von Hippeal. The Source of Innovation[M]. Oxfordshire:Oxford University Press, 2010.

[21] Rosen Berg. L. M. International R&D spoillovers between US and Japanese intensive sectors[J]. Journal Of International Economics, 1955(5):65 - 70.

[22] F. M. Debrisson. Managing technological innovation (the forth edition) [M]. London:Pitman Publishing,1965(10):62 - 68.

[23] G. Nelson. The Competitive Advantage of Nations[M]. London: The Macmillan Press Ltd,1990.

[24] Z. Patel. Regional Typology of Innovation NEeds[J]. First interim report,1985 (4):10 - 12.

[25] F. C. Freeman. What Distinguishes Innovative Firms from Other Firms: Results from the 1986 Innovation Survey [N]. Paper submitted for publication in the volume of ISRN conference papers,1988.

[26] G. Lund Val. The Theory of Technological Change and Economic Growth. Routledge[J],1994 (10):54 - 59.

[27] 王春法. 关于国家创新体系理论的思考[J]. 中国软科学,2003(5):23 - 28.

[28] 许萧迪. 区域创新网络中的政府职能分析[J]. 科学管理研究,2003(5):48 - 51.

[29] 傅家骥. 技术创新学[M]. 北京:清华大学出版社,2004.

[30] 许庆瑞. 从研发 - 营销的整合到技术创新 - 市场创新的协同[J]. 科研管理, 2006(2):56 - 60.

[31] 黄景贵. 论创新理论的产生及其发展[J]. 青岛海洋大学学报:社科版,1986 (2):15 - 18.

[32] 高建. 促进浙江中小企业技术创新的对策研究[J]. 浙江工商学院学报,1993

(9):85 -88.
[33] 柯银斌.技术创新能力及其测度指标研究综述[J].科技与经济,1997(9):26 -30.
[34] 吴建运.基于集对分析法的区域创新能力评价研究[J].中国软科学,2002(11):83 -91.
[35] 魏江,许庆瑞.企业高新技术企业创新能力论[J].科学管理研究,2010(5):60 -65.
[36] 安同良.国有企业技术创新能力低下的成因探析[J].理论学刊,2008(4):46 -49.
[37] 王道平,林华.企业集群及其成长能力与技术创新[J].财经理论与实践,2003(2):88 -91.
[38] 党兴华.耦合关系下的技术创新网络组织治理研究[J].科学学与科学技术管理,2009(9):42 -46.
[39] 刘凤朝,潘雄峰.基于 Malmquist 指数法的我国科技创新效率评价[J].科学学研究,2007(5):72 -76.
[40] 柳卸林.区域创新体系成立的条件和建设的关键因素[J].中国科技论坛,2003(1):33 -36.
[41] 王缉慈.关于发展创新型产业集群的政策建议[J].经济地理,2004(4):55 -59.
[42] 盖文启.国际典型高新技术产业集群的比较分析与经验启示[J].中国软科学,2008(4):66 -69.
[43] 陈赤平.基于中间性组织视角的三层次治理模式[J].产业经济研究,2006(2):78 -82.
[44] 卢伟.企业技术创新能力的系统结构[J].科技管理研究,2008(2):66 -68.
[45] 陈劲,吴波.开放式技术创新范式下企业全面创新投入研究[J].管理工程学报,2004(4):66 -69.
[46] 左铁墉.我国高新技术企业基于技术轨道的创新能力提升途径研究[J].科学管理研究,2002(10):5 -8.
[47] 刘宏涛,朱炎.基于知识管理的企业组织创新模式研究[J].生产力研究,2006(4):22 -26.
[48] 王缉慈.我国外向型制造业集群发展和研究的新视角[J].北京大学学报,2007(6):55 -60.
[49] 胡继灵.论高新技术企业与能力的交互作用[J].中国软科学,2007(1):22 -26.
[50] 陈向军.我国民营科技企业发展的支撑体系研究[J].中国科技论坛,2007(5):66 -70.

[51] 范爱军，张雄辉. 技术进步、技术效率与我国经济增长的实证研究[J]. 科技进步与对策，2008(5：)：55－60.
[52] 陈佳贵. 中国高新技术企业的改革和发展问题[M]. 北京：航空工业出版社，2003.
[53] 汪应洛. 提高企业创新能力的障碍分析与对策[J]. 科技与经济，2004(1)：19－21.
[54] 陈清泰. 论我国产业集群的创新[J]. 中州学刊，2006(5)：26－28.
[55] 汪莹. 基于中美日比较的我国中小企业技术创新政策分析[J]. 财经问题研究，2010(4)：21－22.
[54] 鲁贵宝. 曾繁华 我国建设创新型国家的科技创新政策研究综述[J]. 科技进步与对策，2007(8)：45－49.
[55] 刘世锦. 论企业特征与企业技术创新能力[J]. 经济与管理，1999(5)：66－70.
[56] 梁清文. 高新科技工业若干重大问题研究[M]. 北京：兵器工业出版社. 2010.
[57] 王毅. 中国高新技术企业自主研发的双创新分析[J]. 技术经济，2000(3)：62－66.
[58] 孙林杰，葛玉明，刘琳. 中小企业选择技术创新项目的方法研究——以评价技术创新效果的视角[J]. 未来与发展，2010(31)：14－19.
[59] 王娜. 高新技术企业创新的动力机制研究[J]. 企业科技与发展，2009(10)：4－6.
[60] 陈延艺. 浅析如何提高我国科技创新能力[J]. 科技创业月刊，2010(1)：19－23.
[61] 郝生宾，张涛，于渤. 企业创新能力形成的协同机制研究[J]. 工业技术经济，2011(1)：16－17.
[62] 张晖，万解秋. 中国企业创新的现状与实证研究[J]. 石家庄经济学院学报，2010(6)：36－41.
[63] 陈继勇，胡艺. 美国的技术创新与贸易竞争力之关系[J]. 经济管理，2011(15)：22－26.
[64] 李晓伟. 技术创新与制度创新的互动规律及其对我国建设创新型国家的启示[J]. 科技进步与对策，2009(17)：22－26.
[65] 国家科技部火炬高新技术产业开发中心. 中国高新技术企业化发展报告[M]. 北京：科学出版社，1999.
[66] 余道先，周石. 发展中国家对外直接投资模式的新诠释——基于综合竞争力阶梯模型的分析[J]. 财贸经济，2010(12)：58－66.
[67] 黄荣，我国高新技术产业风险投资机制创新研究[D]. 南昌：南昌大学，2009.
[68] 黄海莲，于中华. 中小企业集群式创新的探讨[J]. 中国中小企业. 2011(4)：104－136.

[69] 甄美荣，杨晶照.区域创新能力对区域内企业群落发展的影响机制研究[J].科技进步与对策,2012(5):56－61.
[70] 刘立涛，李琳.区域创新能力的差异研究[J].科技进步与对策,2010(6):77－82.
[71] 杨省贵，顾新.我国构建区域创新体系的重点战略研究[J].经济问题探索,2011(7):34－38.
[72] 王剑锋，邵云飞,唐小我.四川省区域技术创新能力现状分析[J].中国软科学,2011(10):44－50.
[73] 张媛媛，创新能力与创新绩效的系统性研究[J].科技管理研究,2011(6):84－88.
[74] 章立军.区域创新能力与创新能力的系统性研究.[J] 财贸研究,2010(9):66－69.
[75] 张宗益，张湄.关于高新技术企业公司治理与 R&D 投资行为的实证研究[J].科学学与科学技术管理,2010(11):99－103.
[76] 赵瑞芬，王俊玲.区域创新能力梯级差异实证分析[J].工业技术经济,2011(9):78－82.
[77] 周正祥，李金宝.技术创新的创新政策集成[J].中国软科学,2011(6):78－82.
[78] 岳皓，康继辉.区域创新能力及其制约因素解析[J].管理学报,2010(11):6－9.
[79] 王恕立，赵富强.关于创新能力与创新评估的思考[J].科学进步与对策,2011(6):59－64.
[80] 纪德尚.高新技术园区社会创新能力的系统整合[J].郑州大学学报,2011(5):63－68.
[81] 俞忠钰.企业技术创新的系统分析[J].系统工程,2003(5):26－30.
[82] 黄攸立,熊宇.基于社会网络分析法的区域创新能力关键要素识别[J].北京邮电大学学报:社会科学版,2010(2):13－19.
[83] 倪明.企业创新能力评价模型及评价方法研究[J].科技进步与对策,2009(5):8－13.
[84] 李邃,江可申.我国高新技术产业科技能力评价研究[J].科技进步与对策,2010(4):55－59.
[85] 马永红，王展昭.产业集群对区域创新系统的作用路径分析[J].经济问题探索,2011(6):88－96.
[86] 谢红萍.武汉市高新技术企业发展研究[D].武汉:华中科技大学,2006.
[87] 周青.基于协作研发的创新能力提升类型和路径分析[J].科技进步与对策,2009(2):30－33.
[88] 杨双鸽.企业创新能力评价体系研究[J].时代经贸,2010(35):26－28.

[89] 曹霞,金清.企业创新模式选择的影响能力分析[J].科技与经济,2008(7):108-110.

[90] 孙红兵.我国地区间城市创新能力差异的实证分析——基于创新系统的观点[J].经济问题探索,2011(10):36-40.

[91] 孙红兵,向刚.城市创新系统的创新综合能力评价[J].经济问题探索,2011(3):43-48.

[92] 程强,顾新.黑龙江省建设科技创新中介服务体系的对策研究[J].科技与经济,2010(4):104-106.

[93] 田玉红.中国高新技术产业发展形势及对策分析[J].财经问题研究,2010(6):55-62.

[94] 廖开容,陈爽英.制度能力对民营企业研发投入影响的实证研究[J].科学学研究, 2011(9):69-75.

[95]胡慧英,申红芳,廖西元,等.农业科研机构科技创新能力的影响能力分析[J].科研管理, 2010(3):88-93.

[96] 柳洲,王洁,陈士俊.创新研究的现状与展望[J].科技进步与对策,2009(12):33-34.

[97] 袁礼,王林辉.中国股市融资规模与流动性对高新技术产业技术进步的影响[J].广东金融学院学报,2011(5):16-18.

[98] 盖文启.创新网络——区域经济发展新思维[M].北京:北京大学出版社,2008.

[99] 蔡君.振兴经济的唯一选择——高新技术企业[J].中国商界,2009(5):13-14.

[100] 赵俊平.大庆市科技创新体系建设的对策[J].大庆社会科学,2007(9):78-80.

[101] 李滨.提升企业科技创新能力,发展高新技术企业,把大庆建设成为创新型高科技现代化城市[J].大庆社会科学,2007(1):81-84.

[102] 李海超.黑龙江高新技术企业成长状况评价及战略构建研究[D].哈尔滨工程大学,2006(5):45-60.

[103] 邵云飞,范群林,唐小我.基于内生增长模型的区域创新能力影响能力研究[J].科研管理, 2011(9):56-62.

[104] 王豫博.浅论我国政府管理理念创新的制约能力及其消解[J].法制与社会,2011(7):9-13.

[105] 马仁锋, 张海燕, 沈玉芳, 等.省域尺度的区域发展潜力评价方法研究[J].开发研究,2009(3):32-35.

[106] 杨传明. 黑龙江省创新发展研究[J]. 哈尔滨工程大学学报,2010(3):16 - 17.
[107] 杨柏龄. 发达国家高新技术产业化方法[J]. 中国社会科学院院报,2009(4):23 - 25.
[108] 科技部火炬高新技术产业开发中心,北京市长城企业战略研究所. 高新区产业组织创新[M]. 北京:清华大学出版社,2007.
[109] 封华,韦苇. 我国高新技术园区发展的理论综述与现实对策仁[J]. 西安邮电学院学报,2008(3):66 - 68.
[110] 国家统计局,科学技术部. 中国科技统计年鉴[M]. 北京:中国统计出版社,2010.
[111] 宋河发, 穆荣平, 任中保. 国家创新型城市评价指标体系研究[J]. 中国科技论坛,2010(3):19 - 25.
[112] 岳鹄,张宗益. R&D 投入、创新能力与区域创新能力关系研究[J]. 当代经济科学, 2008(6):23 - 28.
[113] 陈钰芬,陈劲. 开放式创新:机理与模式[M]. 北京:科学出版社,2008.
[114] 梁红英,余劲松. 知识产权保护与出口贸易:基于 2000—2006 分省面板数据的实证研究[J]. 财贸研究,2010(3):66 - 72.
[115] 罗登跃. 基于因子分析的企业创新能力评价研究[J]. 科技管理研究,2010(8):68 - 69.
[116] 侯健敏,党兴华. 研发合作及技术转移影响区域创新能力路径研究[J]. 科学学与科学技术管理, 2010(9):66 - 73.
[117] 张首魁, 党兴华. 网络能力下的企业创新能力研究:基于权力依赖关系的视角[J]. 科技进步与对策,2011(4):77 - 82.
[118] 李晓娣,赵健. 跨国公司在华 R&D 投资对区域创新能力影响的实证研究——基于双对数线性知识生产函数模型的分析[J]. 科学学与科学技术管理, 2010(9):79 - 85.
[119] E. M. 谢勒. 技术创新:企业经济实力的原动力[M]. 姚贤涛,王倩,译. 北京:新华出版社,2001.
[120] 萧鸣政. 人力资源开发的理论与方法[M]. 北京:高等教育出版社,2008.
[121] 仇永民. 我国创新型国家建设研究综述——基于人文社会维度[J]. 延安大学学报:社会科学版,2010(2):26 - 31.
[122] 莫祖英. 基于知识产权与技术标准融合的企业创新模式研究[J]. 科技信息,2010(12):104 - 107.

[123] 刘和东. 中国区域研发效率及其影响能力研究——基于随机前沿函数的实证分析[J]. 科学学研究, 2011(4):39-44.

[124] 陈高翔, 冼明炫. 我国民营高新技术企业知识产权战略的构建[J]. 佛山技术学院学报:社会科学版,2009(27):26-30.

[125] 丁孝智,张朝晖,张华. 珠江三角洲高新技术企业竞争力评价研究[J]. 商业研究, 2010(6):77-81.

[126] 朱建新,冯志军. 高新技术企业创新能力要素构成及测度研究[J]. 科学学与科学技术管理,2009(8):65-70.

[127] 岳鹄,康继军. 区域创新能力及其制约能力解析——基于1997~2007省际面板数据检验[J]. 管理学报, 2009(9):31-37.

[128] 李仁. 创新时速与竞争之道:新经济企业的核心方略[M]. 北京:中华工商联合出版社,2010.

[129] 黄晓卫. 基于知识创新视角的软件产业园区演化发展动力研究[J]. 科技与经济,2011(24):15.

[130] 陈向军,田志龙. 我国民营科技企业发展的支撑体系研究[J]. 中国科技论坛,2009(03):17-19.

[131] 胡琨. 基于时变参数模型的创新能力影响研究[J]. 科技管理研究, 2010(1):77-81.

[132] 孙静娟,戴忻,杨际昌. 对我国高新技术产业统计界定的思考[J]. 统计与决策,2008(4):4-6.

[133] 王静. 基于因子分析的陕西省高新技术企业技术创新能力评价研究[J]. 西安财经学院学报,2010 (4):33-38.

[134] 王立成,李晓梅. 基于因子分析的东北地区电子信息产业创新绩效评价[J]. 产业经济评论,2009(3):55-59.

[135] 阮梅花, 肖沪卫. 企业创新能力评价的专利指标体系构建初探[J]. 大学图书情报学刊,2011(1):23-28.

[136] 李文超,王晓燕. 主导性高新技术产业成长动力的系统研究及其灵敏度分析[J]. 当代经济,2011(6):22-26.

[137] 李琬, 张玉利, 胡望斌. 创新型城市第四代创新评价指标体系构建与实证研究[J]. 科技管理研究,2010(1):13-18.

[138] 吴运建, 盛亚. 基于复杂产品系统的集成商创新能力研究[J]. 科技管理研究,2011(5):19-22.

[139] 辜胜阻,李正友. 创新与高新技术产业化[M]. 武汉:武汉大学出版社,2006.
[132] 张红燕. 我国 R&D 人员现状分析[J]. 商场现代化,2011(21):4 - 8.
[140] 黄津孚. 我国科技发展的战略目标与思路[J]. 中国创业投资与高科技,2010(12):63 - 66.
[141] 邵云飞, 周敏, 唐小我. 基于中心城市创新辐射的创新效率研究[J]. 管理学报,2010(12):29 - 32.
[142] 石沛,蒲勇健. 中国区域创新能力的空间计量经济研究[J]. 科技与经济,2011(4):11 - 19.
[143] 王瑾. 技术引进、创新和能力规制——基于中国省际面板数据的实证研究[J]. 中国科技论坛,2011(2):6 - 9.
[144] 靳晓东. 创新型国家建立与我国高校知识产权人才培养[J]. 生产力研究,2010(11):35 - 42.
[145] 程华, 钱纷纷, 杨永风, 等. 长三角六市企业技术创新能力评价与研究[J]. 统计科学与实践,2010(12):11 - 16.
[146] 黄攸立, 李小梅. 创新能力评价研究——以合芜蚌综合试验区为例[J]. 管理学家,2011(7): 92 - 96.
[147] 哈里森. 知识经济时代人力资源开发[M]. 周金泉,译. 北京:经济管理出版社,2006.
[148] 贝塔兰菲. 创新的价值:实现增长和盈利的最大化[M]. 陈晓彬,译. 北京:新华出版社,2000.
[149] 杨芳,崔瑞锋. 深化基础教育改革,为培养创新型人才打好基础[J]. 中国电力教育,2010(12):33 - 39.
[150] 王博,曲云峰,王军. 拔尖创新人才培养理念下对学生素质测评的分析与思考[J]. 中国科技博览,2010(31):41 - 47.
[151] 田珊娜. 黑龙江省各区域经济比较分析[J]. 产业与科技论坛,2009(4):66 - 72.
[152] 芮明杰. 关于自主性技术创新中的技术融合及对策研究[J]. 科学管理研究,2010(3):88 - 92.
[153] 藤发祥. 创新能力的抗创性因素[J]. 创造探究,2003(3):58 - 62.